プロの添乗員と行く

オランダ ベルギー ルクセンブルク
世界遺産と歴史の旅

武村 陽子

キンデルダイクの風車

キンデルダイクの風車群

バスから降りて少し歩く

木製の歯車が回転している

1つだけ内部を見学できる風車がある

高速で軸が回っている

階段を上っていくと…

キューケンホーフ公園とチューリップ

運が良ければ一般農家のチューリップ畑も見られる

キューケンホーフ公園入口

公園内

キューケンホーフ公園

公園内部

くつろげる場所もある

風車や跳ね橋がある

池の向こうにレストラン

公園の外の農園が見える

アムステルダム

運河クルーズ

橋が連なって見える

クルーズ船の船長

マヘレの跳ね橋

ボートハウス

ダム広場東側、白い塔は「戦没者慰霊塔」、正面は「バイエンコルフ」

ダム広場と王宮

ダムラック通り、中央駅方面

花市場

花市場店内

カルファー通りとムントタワー

アムステルダム

国立美術館正門

アムステルダム国立美術館

運河沿いに間口の狭い建物が並ぶ

ゴッホ美術館

ガッサン・ダイヤモンド

アムステルダム中央駅

中央駅構内

中央駅ホーム

アンネ・フランクの家

263 番地のプレート

ザーンセ・スカンス

工場の動力として風車を使っている

美しい民家

油を搾る

風力で粉を挽く

土産物店

チーズ工場

デン・ハーグ

ホーフ池とビネンホーフ

騎士の館

ビネンホーフへの出入り口

マウリッツハウス美術館

ビネンホーフの門

平和宮

スケヴェニンゲン海岸

デルフト

旧教会の塔

新教会と市庁舎

運河沿いの通り

東門と跳ね橋

ロイヤル・デルフト

マーストリヒト

聖母教会の壁

聖母教会

地獄の門

マルクト広場の市庁舎

書店セレクシス・ドミニカン

フライトホーフ広場の聖セルファース教会(右)と聖ヤンス教会(左)

城壁

聖セルファース教会(右)と聖ヤンス教会(左)

水車もある

城壁のそばには小川が流れている

アントワープ

ステーン城

スヘルデ川

ルーベンスの祭壇画（昇架）

ルーベンスの祭壇画（降架）

ノートルダム大聖堂

大聖堂の内部

「フランダースの犬」の記念碑

マルクト広場
中央はブラボーの噴水

市庁舎

巨人の手を投げるブラボー

塔の上の「竜を退治する聖ゲオルク」の像

ギルドハウスの塔の上には金色の像が並ぶ

「ルーベンスの家」中庭

ルーベンスの家

「ルーベンスの家」内部

（上写真４点：提供「ベル通」）

プランタン・モレトゥス博物館

アントワープ中央駅構内

肉屋のギルドハウス

ブルージュ

愛の湖

白鳥がいる

水門

ベギン会修道院入り口

ベギン会修道院

ブルージュ

ミケランジェロの「聖母子像」

ブルゴーニュ突進公と娘マリアの霊廟

マリアの棺には
夫マクシミリアンの心臓が安置されている

聖母教会

ブルージュで１番小さなボニファティウス橋

ブルージュ
運河クルーズ

ボート発着所

運河クルーズ乗り場入り口

ブルージュ

公文書館
市庁舎

カール５世

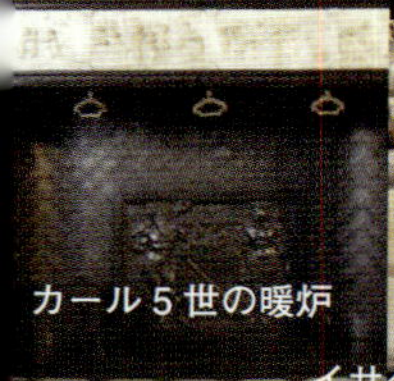
カール５世の暖炉

イサベル女王とフェルナンド王

市庁舎２階ホール

突進公
マクシミリアンとマリア

ディートリック伯爵

聖血礼拝堂

ブルージュ

マルクト広場

州庁舎

ヤン・ブレーデルとピーター・ド・コニングの像

夕暮れ時のマルクト広場

真ん中の建物がクラーネンブルク・ハウス

ブルージュ

市立劇場

グルートフーズ博物館

メムリンク美術館

パパゲーノ

ビール醸造所（ダ・ハルヴ・マーン）

ムール貝（これが一人前）

魚市場そばのレストラン

ボビンレースの店

手作りチョコレートの店

ゲント

市庁舎

聖ヤコブ教会

鐘楼と繊維ホール

聖バーフ大聖堂

劇場

オランダ語勝利の泉

ゲント

聖ニコラス教会

聖ミヒエル教会

レイエ川に架かる聖ミヒエル橋

聖ミヒエル橋からコーレンレイを見る

コーレンレイ

グラスレイ

ゲント

旧魚市場

フランドル伯居城

大肉市場

'tGalgen Huisje

大肉市場内部

クラーンレイ

ヤコブ・ファン・アルテフェルデの像

金曜広場（何かイベント中だった）

ブリュッセル

グランプラス

王の家

市庁舎

ブラバン公爵の館

ギルドハウス（中央の建物の地下はビール博物館）

ブリュッセル

小便小僧

セルクラース

ギャラリー・サン・チュベール

ギャラリー・サン・チュベール入り口

ジャンネケ・ピス（小便少女）

ブッシェル通り

グランプラス（花のカーペット）

ブリュッセル

サブロン地区

ノートルダム・デュ・サブロン教会

リエージュ・ワッフル

ブリュッセル・ワッフル

ベルギービールをたくさん揃えている小売店

小便小僧のそばにある自家製ビール店

アンヌヴォワ城

アンヌヴォワ城庭園

ヴェーヴ城

ディナン

アンヌヴォワ城庭園

モダーヴ城のヘラクレスの間

モダーヴ城

デュルビュイ

デュルビュイ

ルクセンブルク

憲法広場からアドルフ橋を望む

政府の建物

シャルロット女大公の像

ノートルダム寺院

坂の多い道

大公宮

ボックの砲台からアルゼット川を望む

ボックの砲台の全景

地下要塞への入口

ダルム広場の自治宮殿

ギヨーム広場

北海
アムステルダム
Amsterdam
Den Haag
デンハーグ
オランダ
ユトレヒト
Utrecht
ロッテルダム
Rotterdam
Dortmu
ドルトム
Essen
エッセン
Düsseldorf
デュッセルドルフ
ブリュージュ
Brugge
アントワープ
Antwerpen
Köln
ケルン
Maastricht
マーストリヒ
ゲント
Gent
ブリュッセル
Bruxelles
ベルギー
アーヘン
Aachen
Tournai
トゥルネー
ボン
Bonn
リール
Lille
リェージュ
Liège
ナミュール
Namur
ドイツ
ルクセンブルク
Trier
トリーア
Letzebuerg
ルクセンブルク
フランス
Paris
パリ

はじめに

「オランダ、ベルギー、ルクセンブルクの旅にご参加くださいましてありがとうございます」

今回ご一緒するツアーは、日本から直行便でアムステルダムへ飛び、オランダ、ベルギー、ルクセンブルクの順にバスで回り、マーストリヒトを通ってオランダに戻り、アムステルダムから帰るという往復直行便のツアーです。

オランダといえば風車とチューリップが有名ですが、特に春の2か月間はオランダのキューケンホーフ公園がオープンするのです。公園内を散歩していると、チューリップだけでなく、ヒヤシンス、水仙などの美しい花が咲きほこり、ときを忘れてしまうくらいです。そして、それに合わせて、数多くのベネルクスツアーが催行されます。

今回は、オランダの花の時期に合わせて、ベルギー、ルクセンブルクも一緒に回ってしまうというツアーですが、3か国合わせても日本の5分の1にも満たない広さです。

オランダ、ベルギー、ルクセンブルクは、ベネルクス3国と呼ばれています。「ベ」はベルギー、「ルクス」はルクセンブルク、そして「ネ」は、オランダの正式名「ネーデルラント」を合わせた名前です。

ネーデルラントとは低い土地という意味です。その名の通り、オランダは国土の4分の1が海面下にあり、干拓のために欠かせなかった風車が、今ではオランダの風物となっています。もちろん、世界遺産となっている「キンデルダイクの風車」も訪れます。

オランダのチューリップの季節に合わせて、ついでにベルギーにも行くように思われますが、ベルギーは季節に関係なくいつでも楽しめる国です。運河の街ブルージュや、フランダースの犬の舞台として知られるアントワープ、小便小僧のいるブリュッセルなど、いずれも中世の面影を残す美しい町並みで、その多くが世界遺産に登録されています。また、ベルギーは食事がおいしいことも魅力的で、チョコレートやワッフル、ビールなどは日本でも有名です。

そして、古城が点在するベルギー南部のアルデンヌ地方からルクセンブルクにかけては丘陵地帯が続き、バスの車窓からも素晴らしい風景が楽しめます。

ルクセンブルクの首都ルクセンブルク市は、町そのものが天然の要塞の役割を果たしてきたところで、街並みと要塞群が世界遺産となっています。

また、ベネルクスといえば、美術品の宝庫でもあります。ルーベンス、フェルメール、ゴッホ、レンブラント、ブリューゲルなど日本でもよく知られている巨匠たちのすばらしい絵画を、美術館や教会で見ることができます。

三つの小さな国ですが、その中には、咲き誇る花と風車、運河と美しい街並み、古城と丘陵地の風景、そして美術とグルメなどがぎっしりと詰まった、本当に密度の濃い旅行が楽しめることでしょう。

本書が、皆様のベネルクス旅行の一助になるなら、著者としてこの上ない幸せです。

はじめに 34

オランダ……41

アムステルダム 43

スキポール空港到着 43
中央駅周辺 44
ダム広場 45
アムステルダム国立美術館 47
ゴッホ美術館 51
ダイヤモンド研磨工場 57
西教会 59
アンネ・フランクの家 60
運河クルーズ 66
アムステルダムのフリータイム 70
アムステルダム近郊の観光 75
（ザーンセ・スカンス） 75
（フォーレンダムとマルケン） 76

キューケンホーフ公園とチューリップ 77

デン・ハーグ 81
ビネンホーフ 82
マウリッツハウス美術館 84
スケヴェニンゲン海岸、マドローダム 86
デルフト 88
フェルメールの街を観光 88
デルフト焼き 92
ロッテルダム 94
キンデルダイクの風車群 95
クローラー・ミュラー美術館 97
ユトレヒト 99
マーストリヒト 100
ヘルポート（地獄の門）と聖母教会 101
フライトホーフ広場と聖セルファース教会、聖ヤンス教会 102
マルクト広場と市庁舎 104
ベネルクスの歴史 105

ベルギー……………………125
ブリュッセル 127
グランプラスと市庁舎 128
小便小僧 133
ギャラリー・サン・チュベールと小便少女 135
サブロン地区 136
王立美術館 136
サンカントネール公園周辺 138
聖カトリーヌ教会と朝市 139
アントワープ（アントウェルペン） 140
ステーン城（アントワープ到着） 141
ノートルダム（聖母）大聖堂 141
マルクト広場と市庁舎 148
ルーベンスの家 151
中央駅から歩行者天国メール通り 155
プランタン・モレトゥス博物館 156
ブルージュ（ブルッヘ） 159
ブルージュの繁栄と衰退 160

愛の湖 162
ベギン会院（ベギン会修道院） 163
運河巡り 165
聖母教会 166
ブルク広場 169
マルクト広場 173
ブルージュのフリータイム 175
（美術館、博物館巡り） 176
（ショッピング） 177
（ビール醸造所） 178
（ボビンレース） 178

ゲント（ヘント、ガン） 180
聖ヤコブ教会から市庁舎 181
聖バーフ大聖堂と「神秘の子羊の祭壇画」 182
鐘楼と繊維ホール 186
聖ニコラス教会、聖ミヒエル橋と教会からコーレンレイを歩く 187
フランドル伯の居城 188
金曜広場 189

メッヘレン 190

ベルギーの言語 191

ワロン地方 192

ナミュール 192

アンヌヴォワ城 193

ヴェーヴ城 194

モダーヴ城 195

ディナン 195

デュルビュイ 196

トルニー 197

トゥルネー 198

ルクセンブルク ………………………… 199

憲法広場、アドルフ橋 201

ルクセンブルクの歴史 202

ノートルダム寺院 203

大公宮 204

ボックの砲台 206

ギョーム広場とダルム広場 207

オランダ

この章で紹介する世界遺産
・17世紀に建設されたアムステルダム・シンゲルの運河網（２０１０年）
・キンデルダイク＝エルスハウトの風車網（１９９７年）

キンデルダイクの風車群

アムステルダム市街図

アイ湾
アムステルダム中央駅
Amsterdam Centraal
自転車置き場
運河クルーズ乗船場
北教会
NoorderKerk
ビクトリアホテル
ヨルダーン地区
Jordaan
Anne Frank huis
アンネフランクの家
西教会
WesterKerk
NieuweKerk
新教会
Nieuwendijk
Damrak
ダムラック通り
Warmoes str.
旧教会
OudeKerk
De Wallen
飾り窓地区
ダム広場
Dam
王宮
Paleis
ダム通り
Oosterdoc
オーステルドック
科学技術センター
NEMO
Montelbaanstren
モンテルバーンの塔
Nieuw Markt
国立海洋博物館
カイゼルス運河
Keizersgracht
シンゲル
Singel
ヘーレン運河
Herengracht
プリンセン運河
Prinsengracht
ローキン通り
Rokin
カルファー通り
Kalverstraat
ガッサンダイヤモンド
GassanDiamonds
Rembrandthuis
レンブラントの家
Stadhuis
市役所
Waterlooplein
Kalvertoren
Muntplein
ムント広場
アムステル川
花市場
Bloemenmarkt
レンブラント広場
Rembrandtplein
シンゲル運河
Singelgracht
Magere Brug
マヘレの跳ね橋
レギュレリエス運河
Reguliersgracht
アムステル川
Amstel
カジノ
Holland Casino
Vondelpark
フォンデル公園
PC Hooft str.
PCホーフト通り
CosterDiamonds
コスターダイヤモンド
国立美術館
RijksMuseum
Van Gogh Museum
ゴッホ美術館
Amstel
InterContinental Hotel Amstel
ホテルアムステル
De Nederlandse Bank
ネーデルラント銀行
運河クルーズ乗船場
Heineken
ハイネケンエクスペリエンス
市立美術館
Stedelijk Museum
Museumplein
ミュージアム広場
Sarphatipark

アムステルダム

スキポール空港到着

今回のツアーはオランダ、ベルギー、ルクセンブルクのベネルクス３か国を回る８泊10日のツアーである。３か国周遊するツアーは９日から10日くらいが一般的で、オランダとベルギーの２か国だけであれば、８日間のツアーでも結構ゆったりしている。

関西空港からヨーロッパへの飛行機の乗り入れが激減した現在でも、アムステルダムへはＫＬＭオランダ航空が乗り入れている。今回のツアーは往復直行便なので非常に楽である。成田からは、ＫＬＭの他に日本航空の直行便がでている。

関空を飛び立ってから12時間弱で、アムステルダム、スキポール空港に到着。入国審査と預けた荷物の引き取りが終わって税関を出ると、現地の日本語ガイドが待っていてくれた。

スキポール空港はハブ空港で、ヨーロッパの他の国へ行くときもよく利用する。空港には鉄道も乗り入れており、アムステルダム中央駅まで列車で20分ほどだ。デン・ハーグなどの他都市にも直接列車で行くことができる。

さらに、今回のように春のチューリップシーズンであれば、キューケンホーフ公園行きのバスも、空港前から出ている。空港内にはカジノや小さな美術館もあり、土産店も多いので、少々の乗り継ぎ時間なら退屈しない。

スキポール空港のスキポール（Schiphol）とは、船（Schip）の穴（hol）を表し、船の地獄、船の墓場というような意味らしい。現在空港のある場所は、海面より4メートル低く、湖（さらに昔は海）だったところを埋め立てて造成された。船の座礁が多かったので、そのような地名がついたとも言われている。

オランダは、ライン川、マース川、スヘルデ川が河口に作り出したデルタ地帯が広がり、国土の4分の1が海面下にある。

中央駅周辺

今回は、中央駅のすぐ向かい側にあるビクトリアホテルでの宿泊だった。アムステルダムの本格的なガイドつき観光は翌日なので、ホテル到着後はフリータイムとなった。4、5月のアムステルダムは日が長く、夜の8、9時頃でも明るいので、ゆっくりと市街を散策できる。

1889年に完成したアムステルダムの「中央駅（Amsterdam Centraal）」は、東京駅のモデルと言われる。赤レンガ作りで、ちょっと見た感じはよく似ている。しかし、建築の専門家の話では、中央駅はネオゴシック様式、東京駅はビクトリアン様式で、建築スタイルは全く違うらしい。

中央駅は、元々入江であった場所に、杭を打ち込み、埋め立てた上に作られたということだ。

運河の町であるアムステルダムは、中央駅のすぐ前に、運河巡りの船乗り場があり、駅のすぐ裏は、港となっている。

ヨーロッパの駅はどこでもそうだが、中央駅には改札がないので、ホームまで自由に入っていくことができる。

ダム広場

翌朝は、ホテルで現地の日本人ガイドと待ち合わせて、バスでの観光が始まった。国立美術館へ行く前に、バスはダム（Dam）広場を通った。

中央駅から街の中心であるダム広場までは８００メートルもないので、歩いて10分くらいで行ける。ヨーロッパの都市の鉄道駅は、中心部から離れて立地していることが多いのだが、アムステルダム中央駅は駅周辺も賑やかである。駅前からダムラック（Damrak）という通りをまっすぐ行くと、デパー

アムステルダム中央駅

トなどが立ち並ぶ賑やかな広場に出る。道路の両側が広場になっているが、ここがダム広場である。

バスがダム広場を通るときガイドが案内をした。

「アムステルダムという名前は、アムステル川をせき止めるダムという意味です。そのダム（堤防）のあったところがダム広場です。アムステルダムの歴史は、町の中心であるダム広場から始まりました」

広場の西側正面に建つ大きな建物が王宮である。ただし、この建物は現在迎賓館となっていて王室の人たちが暮らしているわけではない。王宮といわれているこの建物は、かつては市庁舎であった。

「19世紀のナポレオン時代、オランダ王となったナポレオンの弟ルイ・ボナパルトがこの王宮で暮らしていました。現在のオランダ王室の方々は、アムステルダムではなく、デン・ハーグのハウステンボスにお住まいです。ハウステンボスと言っても日本の長崎県にあるハウステンボスではないですよ。ハウス・テン・ボスというのは森の家という意味で、デン・ハーグの森の中にあるのでそう呼ばれています」

ダム広場と王宮、右奥に新教会が見える

王宮の北側には「新教会（Nieuwekerk）」がある。15世紀に建てられたが、火災に遭い、何度も再建されている。現在は、イベント会場として使われている。

この教会で、1980年にベアトリクス前女王が即位、ウィレム王子が2002年に結婚式を挙げた。2013年4月30日には、ベアトリクス女王の退位式と、ウィレム・アレクサンダー王子の国王としての即位式が行われた。日本からも皇太子夫妻がご出席されている。

「オランダ王室は男女関係なく、長子が後を継ぐことになっており、ユリアナ女王、ベアトリクス女王と女王が続いたので、123年ぶりの国王即位でした。これまでは、4月30日が女王の日ということで祝日でした。実は、ベアトリクス女王の誕生日は1月でしたが、冬の寒い日を休みにしても国民が楽しめないということで、前ユリアナ女王の誕生日4月30日をそのまま女王の日としました。今度の王の誕生日は4月27日で、その日が王の日として祝日になる予定です」

ダム広場の中心、東よりにある白い塔は、第2次世界大戦で亡くなった人たちの霊を慰めるために1956年に造られた「戦没者慰霊塔」である。

アムステルダム国立美術館

午前中のアムステルダム半日観光は、「国立美術館（Rijksmuseum）」

アムステルダム国立美術館

からスタートした。

レンブラントの「夜警」やフェルメールの絵画で有名なアムステルダム国立美術館は、元々、ナポレオン時代の１８００年にハーグで開いた展覧会が基礎となっているが、１８０８年にナポレオン１世の名でアムステルダムに移され、１８８５年に現在の場所に移転した。

ネオゴシック様式の建物で、中央駅と同じ建築技師によって建てられた。10年間改装工事で狭くなっていたが、２０１３年4月13日に、新装オープンした。

絵画以外にも彫刻などの作品が展示されている。

レンブラント（Rembrandt Harmensz. van Rijn）の「夜警」（１６４２年）は、この美術館の中でも代表的な作品である。

その前でガイドの説明があった。日本語のオーディオガイドを貸してもらえるので、個人で来た場合は借りるといい。

「この絵は、火縄銃のギルド、同業組合がお金を払ってレンブラントに特注したものです。人物に遠近感を取り入れて描いていますので、主役と脇役ができました。同じお金を払っているのに不公平だといわれました。正面左側の黒い服、黒い帽子の人は、フランス・バニング・コック隊長で、その右の白い服と白い帽子が光っているのが、ウィレム・ファン・

レンブラント「夜警」

ラウテンブルク副隊長です。これは、夜警というタイトルですが、実際には、昼間の情景を描いています。全部で、大人28人と子供3人が描かれています。左下の方に描かれている女の子の顔は、レンブラントの奥さんサスキアさんをモデルにしたという説もあります。この絵が完成したのは、奥さんのサスキアさんが亡くなったのと同じ1642年のことです」

サスキアをモデルにしたレンブラントの絵は多い。

レンブラントは、1634年、サスキアと結婚したころから、画家、版画家として高い報酬を得られるようになり、裕福な生活を送った。アムステルダムではよく引っ越しをしたが、その中でも、市庁舎近くにある「レンブラントの家（Rembrandthuis）」は、1639年から1658年までの20年ほど住んでいた豪邸で、現在公開されている。

しかし、レンブラントの私生活は、妻や生まれた子供たちが次々と亡くなり、幸せとは言えなかった。サスキアが息子ティトゥスを残して世を去った後、息子の養育のために、ヘンドリキエという家政婦を雇った。後に、結婚という形で彼女と一緒に暮らすことになるが、このころから、レンブラントは収入以上の浪費をし、放蕩な生活のために、社会から落ちぶれていく。1658年には、家も競売にかけられ、売却された。

「織物商組合の幹部たちの肖像」は、1662年に描かれた。レンブラント晩年の作品である。

「これは、織物組合商人がお金を払ってレンブラントにお願いしました。5人の帽子をかぶった男の人の絵ですが、後ろにもう一人いて6人になっています。この人は召使でしたが、絵のバランスをとるために付け加えられました」
　他にも、レンブラントの作品がたくさん展示されている。自画像も多い。

　レンブラントと並んで人気のあるフェルメール（Johannes Vermeer）の作品は、「小路」「恋文」「牛乳を注ぐ女」「手紙を読む女」の4点がある。
「小路は、フェルメールが住んでいたデルフトの裏通りです。牛乳を注ぐ女と手紙を読む女は、どちらもフェルメールの好きな青が使われています。この青はウルトラマリンといわれ、当時金よりも高いといわれたラピスラズリ（瑠璃）で作られました。手紙を読む女は、１６６２年から１６６３年の作品です。壁に世界地図がかかっていることから、この女性のご主人が船乗りだということがわかります。長い船旅に出ている主人の安否を気遣う様子が描かれています」

フェルメール「牛乳を注ぐ女」

　他にも、一般家庭や子供たちを描いたものが多い「ヤン・ステーン」の絵も興味深い。
「17世紀より前の絵画は、教会や宮殿などを飾るギリシャ、ローマ神話や聖書をテーマにしたものがほとんどでした。しかし、17世紀にはオランダは貿易で繁栄し、市民の暮らしも豊かになり、どの家にも5、6枚の絵が飾られるようになったのです」

ヤン・ステーンの代表的な作品に、「医者の往診」や「陽気な家族」などがある。

ゴッホ美術館

「ゴッホ美術館（Van Gogh Museum）」は、国立美術館の隣にあるので、そのまま歩いての観光となった。

今回のツアーではゴッホ美術館の見学が含まれていたが、ゴッホ美術館まで見学するツアーは少ない。しかし、アムステルダムでは半日くらいのフリータイムがあるので、ゴッホの好きな人は、ぜひ訪れてみてほしい。

ゴッホ美術館の館内は、カメラやビデオは禁止されている。また、今回は館内でのガイドの説明が禁止されていた。季節や混み具合にもよるらしい。ただ、ゴッホが描いた年代順に展示されているので説明がなくてもわかりやすい。

ゴッホ絵画を鑑賞する上で、彼の生涯と絵の変遷を知っていると、より鑑賞が充実するので、少しだけ解説しておく。

ゴッホ美術館

（オランダ時代１８８５年まで）

ヴィンセント・ヴァン・ゴッホ（Vincent Van Gogh）は、オランダ南部、ベルギー近くのズンデルトで、牧師の子として１８５３年に生まれた。

寄宿学校を出た16歳から叔父の経営するハーグのグービル商会で働き始めた。叔父は画商で多くの支店を持っていた。

その後、ロンドンやパリでも画商として働くが、画家から安く買った絵に法外な値段をつけて売るという商売が合わず、どこも首になり、オランダへ戻る。その後、イギリスの学校やユトレヒトの書店で働いたりするが、どれも長続きしない。24歳の時に父と同じ牧師を目指したが、試験のためのラテン語やギリシャ語の文法でつまずき、これも断念する。

ベルギーの炭鉱でキリストの教えを説きながら、よく絵を描いていた。一番仲のいい弟テオの勧めで、27歳頃から本格的に画家を目指す。「農民画家ミレーのような画家になりたい」「人間の本当の姿を描きたい」と、ブリュッセルやハーグ、アントワープで画家になるための勉強をしながらたくさんの絵を描くが評判は良くなかった。

１８８５年、ゴッホが32歳の時に描いた「ジャガイモを食べる人たち」は、ゴッホにとってこれこそ人間の姿、正直な百姓たちの清らかな姿で

ゴッホ「ジャガイモを食べる人たち」

あったが、当時の評判は悪かった。この絵は、現在、ゴッホ美術館の代表的作品となっている。
他に、「ニューネンの古い教会の塔」（1884年）、「ジャガイモの皮をむく農婦」（1885年）などがある。

（パリ時代1886年から1888年）

1886年3月、33歳のとき、画商の仕事を続けている弟テオを頼ってパリに出た。ゴッホがピストル自殺で亡くなるのが37歳なので、この4年の間に、よく知られている作品の多くが描かれたということになる。

パリに来て、ロートレックやベルナール、ゴーガン、シニャック、スーラなどと友達になり、印象派の明るい絵に目覚めた。

このときから、ゴッホの絵は明るい色を多く使うようになるので、オランダ時代の作品と比較しながら観賞するとおもしろい。

また、たくさんの日本の浮世絵を持っているタンギー氏と出会い、影響を受ける。この美術館でも見られる、「花咲く梅の木」や「雨の大橋」は歌川広重《ひろしげ》を、「花魁」は渓斎英泉《けいさいえいせん》を模写した（1887年）。

他に、多くの「自画像」「クリッシー大通り」「テオの肖像画」「モンマルトルの野菜畑」などがある。

画家は、モデルがいないときに、自分の顔を描く。また、それが一番の勉強になることも知っていた。

ゴッホは、一生に45枚の自画像を描き、そのうちの20枚がパリ時代のものである。

（アルル時代1888年から1889年5月）

パリの都会暮らしに疲れたゴッホは、友人ロートレックの勧めで、南仏プロヴァンスのアルルへ赴く。34歳のときだった。有名な「ひまわり」や「ラングロワの跳ね橋」はこの時代に描かれた。「ひまわり」は、全部で7点あり（そのうち6点が現存）、うち1点がゴッホ美術館にある。

他に、ゴッホが住んでいた「黄色い家」や、「麦畑」「アルルの寝室」「花咲くアーモンドの木」「花咲くアンズの木」なども展示されている。

アルルで親しくなった郵便配達のルーラン氏とその家族、奥さんや息子マルセル、カミュー、赤ん坊までがモデルになり、多くの肖像画を描いた。その多くはアメリカなど外国に行ってしまったが、この美術館でも、「カミーユ・ルーランの肖像」「マルセル・ルーラン（赤ん坊）の肖像」が見られる。

友人の画家ゴーガンをアルルに呼んで黄色い家で一緒に暮らすが、口論となり、ゴッホはカミソリで自分の左耳を切り落とすという事件を起こし、精神病院に運ばれる。入院中も多くの絵を描いた。

傷が治ったので退院となり、黄色い家に戻る。この美術館にあるひまわりは、退院中に描かれたものである。しかし、周囲の人たちが恐れて、もう一度病院に入れるよう市長に請う。

ゴッホ「ひまわり」

（サン・レミ・ド・プロヴァンス時代１８８９年5月から１８９０年）

アルルの人々から恐れられたゴッホは、25キロ離れたサン・レミのサンポール病院に入院することになった。

このときに描かれたものに、「サンポール病院の患者の肖像」「オリーブの林」「野ばら」「糸杉」「アーモンドの花」「ばらとかぶとむし」などがある。

（オーヴェル・シュル・オワーズ時代１８９０年5月から7月）

てんかんの発作がひどくなり、病院にいるのもいやになって、パリにいる弟に相談。１８９０年5月、パリ近郊の「オーヴェル」に絵の好きな医者ガッシュ氏がいると聞いてそこに移る。それから死までの2カ月間にも多くの絵が生まれた。風景画が多かった。「オーヴェルの風景」「オーヴェルの村の通り」「オーヴェルの家々」「オーヴェルの庭」そして、「からすの群れの飛んでいる麦畑」などがある。

7月27日、オーヴェルの丘の中腹でピストル自殺を図る。急所は外れたが、２日後の7月29日に息を引き取った。

ゴッホは生涯結婚することはなかったが、弟テオの息子がゴッホの絵を管理していた。美術館は、１９７３年にオープンした。

館内には、ゴッホの絵のほか、ゴッホに影響を与えたゴーガン、ロートレックなどの絵も展示されている。

次の観光場所へ移動するバスの中で、ガイドがオランダについて説明してくれた。

「アムステルダムには８０００件の、国、市の重要文化財があり、天井のないミュージアムのような街です。オランダは鎖国中の日本とも交流がありました。シーボルトはドイツ人ですが、オランダのライデン大学で学び、日本ではオランダ人だと思われていました。ライデンにはシーボルト・ハウスが残されています。アメリカの大都市ニューヨークも、当初はオランダ領でニュー・アムステルダムと呼ばれていました。イギリスとの戦争に負けてイギリス領になり、ニューヨークと改名されたのです。今でも、ニューヨークに『ハーレム』という地名が残っていますが、これは、アムステルダムの近くにあるハーレムという町の名前が由来です」

バスは運河にかかる橋をいくつか越えながら走っていく。

「オランダには現在、多くの外国人が住んでいますが、失業率が高くなってきたので、これ以上外国人を入れないように規制が始まりました。オランダでは、労働者は失業手当で保護されています。たとえ派遣労働者などの非正規社員でも失業すると最大3年間給与の70%が支給されるのです。税金も高いです。日本にない税金では、『犬税』というのがあります。地方によって金額は異なりますが、公園整備や散歩道などに使われます。犬は耳にチップをつけてきちんと管理されているので、野良犬はいません。飼えなくなった動物は施設で保護されるか、里親を探します。旅行用に犬のパスポートもあり、ＥＵのマークがついています」

ダイヤモンド研磨工場

次の観光場所はダイヤモンド研磨工場の一つガッサンである。

「そろそろ、ダイヤモンド研磨工場が近づいてまいりましたので、ご案内いたします」とガイドの解説が始まった。

オランダのアムステルダムやベルギーのアントワープは、ダイヤモンドの研磨が盛んである。

ダイヤモンドの産地といえば、今ではロシアや南アフリカなどアフリカ諸国というイメージがあるが、かつてのダイヤモンドの産地は、ほとんどがインドであった。

13世紀ごろ、ダイヤモンドは、インドから、ベネチアを経由してヨーロッパ各地へと運ばれていた。

15世紀になってポルトガルがインドへの直接航路を発見すると、ダイヤモンドの原石はポルトガルのリスボンからアントワープやアムステルダム、ロンドンへと運ばれた。ダイヤモンドの研磨や取引は、主にユダヤ人が行っていた。特に、アントワープには、ダイヤの原石をカットす

ダイヤモンド研磨工場

る職人が集まっていた。

ところが、16世紀、スペインとの間で独立戦争がはじまり、アントワープに戦火が及ぶと、研磨職人や商人の多くがアントワープからアムステルダムへと逃げた。また、ポルトガルやスペインの宗教裁判で追い出されたユダヤ人も、オランダへと逃げてきた。

17世紀に入って、オランダは、インドからの原石を直接買い付けするようになる。そして、アムステルダムは、原石の取引と研磨の中心地となった。18世紀には、アムステルダムは、研磨センターとして繁栄のピークを迎えた。

また、18世紀になると、インドでしか採れないと思われていたダイヤモンドが、ブラジルで発見された。19世紀の後半には、南アフリカでもダイヤモンドが発見された。

一人のオランダ系の少年が、河原でめずらしい石を拾った。それを見た隣家のオランダ系農民ニカルクがその石を譲ってもらい、専門家に鑑定してもらったところ、ダイヤモンドだということが分かった。この石を研磨したところ、11カラットの宝石になったという。これが、南アフリカで採れた最初のダイヤである。

南アフリカは、17世紀中ごろ以降、オランダの植民地となり、多くのオランダ人が入植していた。19世紀初頭にオランダ系移民はイギリスとの戦い（ボーア戦争）に敗れ、南アフリカはイギリス領となった。

ガイドの説明が続く。

「オランダのダイヤモンド研磨には４００年の歴史があります。他国で採石されても研磨技術がなかったので、アムステルダムやアントワープに運ばれて研磨されていました。今日はユダヤ人街にあるダイヤモンド研磨工場のガッサンにご案内します」

ガッサン・ダイヤモンド（Gassan Diamonds）には、日本人のスタッフがいて、研磨工程などを案内してくれる。もちろん、案内の後は、ダイヤモンド・アクセサリーのショッピングタイムとなる。男性には退屈かもしれないが、今回のツアーでも何人かの女性たちがネックレスや指輪などを購入したようだ。

ガッサンの他にも、国立博物館の近くに、「コスター・ダイヤモンド」という研磨工場がある。

西教会

アンネ・フランクの家のすぐ側にある大きな教会は「西教会（Westerkerk）」と呼ばれるプロテスタントの教会で、１６２０年から１６３１年にかけて建てられた。

塔の高さは85メートルで、アムステルダム一の高さである。塔の上にある王冠は、15世紀末にこの地方を支配していたハプスブルク家出身の皇帝マクシミリアン１世を記念したもの

西教会

である。マクシミリアンについては、「ベネルクスの歴史」のときにまた詳しくお話ししたい。塔の時計の下には、47個のカリヨン（鐘）が取り付けられている。

画家のレンブラントは、1669年、この教会の共同墓地に葬られた。近代の出来事では、1966年にベアトリクス前女王が、この教会で結婚式を挙げている。

西教会のすぐ横には、アンネの日記のアンネ・フランクが1942年7月6日から1944年8月4日まで隠れ住んでいた家があり、公開されている。

アンネ・フランクが隠れ家に潜んで一歩も外に出られないとき、15分毎に鳴るこの教会の鐘の音は、一つの安らぎでもあった。教会の南側には、アンネの小さな像が立っている。

アンネ・フランクの家

今回のツアーにはアンネ・フランクの家（Anne Frank Huis）の観光が含まれていたので、西教会の近くでバスを下車した。含まれていないツアーも多いので、フリータイムのときに見学することになる。アンネ・フランクの家は、中央駅から歩いて20分くらい、ダム広場から10分くらいのところにある。

アンネ・フランクの家

内部では、ガイドの案内も撮影も禁止である。団体予約も可能であるが難しく、入るとき行列に並んで待つことが多い。40分位待つときもあれば、全く並ばないときもある。今回は20分くらいで入れた。現在は、アンネ・フランクが住んでいた家の隣の、西教会側の角にある建物が博物館としての入口であり、ここで入場券を買ってから入るようになっている。

個人で行くなら、インターネットで日時を指定してチケットを購入し、プリントアウトしたものを持参すれば、専用口から並ばずに入ることができる。ただし、訪問する日時を決めておく必要がある。

アンネの家は4階建で、一見すると狭いように見えるが、奥行きが深く、表と裏の二つに分かれている。表側は1635年に建てられ、アンネたちが隠れ住んだ裏側部分は18世紀に増築されたところだ。

アンネの家もそうだが、アムステルダムの家屋は間口が狭い。間口の大きさで税金が課されていたためである。建物の上の方に荷物を釣り上げるための鍵（フック）がついており、今でも、家具の出し入れに使用されている。

アンネ・フランクは、1929年6月12日、ドイツのフランクフルトで、ユダヤ人の家庭に生まれた。日本では昭和4年なので、それほど大昔の話ではない。生きていれば、まだ

アムステルダムの家についているフック

80歳代である。父、母と3歳年上の姉のいる4人家族であった。

当時のフランクフルトは人口54万人、うちユダヤ人は3万人ほどであった。

アンネの父オットーは、第一次世界大戦ではドイツ軍の中尉をしていたが、戦後は会社経営を初め、アムステルダムにも支社を出していた。一家は裕福であった。

１９３３年1月、ドイツではナチスが政権をとり、ヒトラーが首相になった。それ以降、ユダヤ人への迫害はより激しくなった。

１９３４年、フランク一家は、ナチスの迫害から逃れるため、オランダに亡命した。亡命当初は、この隠れ家でなく、別のところで暮らした。

翌年には、アンネも姉マルゴーと共に小学校に通うようになる。友達もたくさんできて楽しいときを過ごしていた。しかし、アンネが10歳になった１９３９年、ドイツ軍がポーランドに侵攻し、首都ワルシャワを攻め落とした。ヨーロッパで戦争が始まったのだ。

ヒトラーの目的は、ポーランドからユダヤ人を全て消し去ることだった。１９４０年にはデンマーク、ノルウェーを占領、5月には今度はオランダを占領し、5月15日、オランダはドイツに降伏した。

オランダには当時14万人のユダヤ人が住んでいたが、ドイツ軍はオランダに住んでいるユダヤ人はすべてドイツの占領軍に届け出るようにという通告をした。

町の至るところでユダヤ人出入り禁止の札が貼られ、仕事に就いていた人は辞めさせられた。アンネの父オットー・フランクも会社を別の人に譲ることになった。

アンネが通っていた学校でもユダヤ人ということがばれると、学校をやめさせられたり、ドイツ軍のトラックで収容所につれ去られたりした。アンネは、家族からユダヤ人だということは隠すように言われていたが、友達がユダヤ人ということで退学させられる姿を見て、自分もユダヤ人であることを告白した。その後は、姉と共にユダヤ人だけの学校に通うことになった。そのころから、オランダに住む全てのユダヤ人はダビデの黄色い星を左胸に付けることが法律で決められた。

1942年6月、アンネは13歳の誕生日を迎えた。このときに、父からプレゼントされたのが、後に「アンネの日記」となる赤いチェックの表紙の日記帳であった。このときから、収容所に連れて行かれるまでの約2年間、特に隠れ家に引っ越してからは友達付き合いのできなかったアンネは、この日記帳にキティと名付け、自分の思いを綴った。

13歳の誕生日を迎えた直後、姉マルゴーへの呼び出し状が来た。一家は、当時住んでいたところから歩いて40分ほどのところにあるプリンセン運河通り263番地の家に引っ越すことになった。それが現在公開されている隠れ家である。

内部見学が終わったら表に回って見てほしいが、アンネの家のドアの脇に263番地のプレートがある。

4階建の1階は倉庫、2階が事務所となっていた。玄関を入ると、急な

263番地を示すプレート

階段があり、3階まで上れるようになっている。そこには本棚があり、扉の役目を果たしていた。この開閉式の本棚は、現在も見学中に見ることができる。この3階の本棚の奥に、たくさんの部屋があり、ここにフランク一家が住むことになった。上の4階には、同じユダヤ人のファン・ダーン一家が住むことになった。後に、ユダヤ人の歯科医デュッセル氏がオランダ人の妻と離れ、この隠れ家にやって来て、アンネの部屋に同居することになった。

オランダに住むユダヤ人は、たいてい家族バラバラでオランダ人の家にかくまわれていたので、フランク一家やファン・ダーン一家のように家族が一緒に住むのは珍しかった。

ただ、長期間隠れ住むためには、外出できない彼らのために食料を用意してくれる非ユダヤ人の助けが必要である。それを引き受けてくれた人が、オットーの会社の社員であったミープ・ヒース夫人や、会社を引き継いだコープハイス氏らであった。もし、見つかれば、自分たちも連行されるという危険を覚悟の上での援助だった。

隠れ家での生活は想像以上に大変であった。持ち主が一階の倉庫を事務所として貸すことになり、朝の8時から夕方5時まで事務員が来るので、その間は、物音を立てることもできなかった。大きな声を出すことはもちろん、忍び足で歩かねばならない。トイレの水洗さえ使えなかった。人が住んでいる気配を消すために、窓を分厚いカーテンで覆って夜も明かりが漏れないようにした。

アンネたちは、ひたすら戦争が終わるのを待つばかりで、このような生活が2年ほど続いた。

1944年8月、アンネ15歳のとき、隠れ家にいる全員が、ナチスの秘密警察ゲシュタポに連行されることになった。ユダヤ人が隠れていることをどのような方法で嗅ぎつけたのかは判っていない。

彼らは列車に乗せられベステルボルグ収容所へ、そして後にポーランドのアウシュビッツ収容所へと送られた。母エディートはアウシュビッツで亡くなった。

アンネとマルゴーは、ドイツのベルゲン・ベルゼン収容所に連れて行かれた。

１９４５年2月にはドイツ軍の敗北は決定的で、もうすぐ戦争も終わるところであった。しかし、衛生状態の悪い収容所ではチフスが流行し、毎日のように何人もの人が死んでいった。

このベルゲン・ベルゼン収容所で、マルゴーが、そしてアンネも、3月頃亡くなった。

2カ月後、ヒトラーが自殺、ドイツ軍は降伏した。それとともに、収容所のユダヤ人は解放された。


隠れ家に住んでいたユダヤ人8人の内、生きて帰ることができたのは、アンネの父オットー・フランクただ一人である。ファン・ダーン一家も歯医者のデュッセル氏も全員亡くなった。

オットーがアムステルダムの隠れ家に戻ったとき、食料を運ぶのを手伝ってくれたミープ夫人が彼に手渡したのが、日記帳であった。アンネが連行されたときに置いていった日記帳をミープが見つけ、ずっと保管していたのだ。その日記帳には、１９４２年6月12日から１９４４年8月1日までの2年2カ月に亘る日記が書き綴られていた。

オットーは、それを本として出版しようと決心し、引き受けてくれる出版社を探した。

そして、１９４７年、アンネの日記がオランダ語で出版された。その後、フランス語、ドイツ語、英語など、55か国語以上に翻訳された。

隠れ家は現在、アンネ・フランク財団が所有し、ユダヤ人だけでなく、すべての人種差別に反対する運動をしている。

運河クルーズ

地図で見ると、アムステルダム市街はクモの巣のような形をしている。中央駅を中心にクモの巣を張っているように見えるのが運河である（42頁地図参照）。

運河は、西から東へと造られて行ったのだが、北西側の一番古い部分は１６１３年に建設が始まったので、２０１３年で４００年を迎えた。これは１６２５年頃に完成した。

一番内側（中央駅寄り）にある運河「シンゲル（Singel）」は、15、16世紀に、アムステルダムの街を取り囲む外堀だったところである。中央駅近くのアイ湾からムント広場方面へ流れ、アムステル川に合流する。ダム広場や王宮、新教会などはシンゲルの内側に位置している。

その外側を、ヘーレン運河（Herengracht)、カイゼル運河（Keisersgracht)、プリンセン運河（Princengracht）という主要3運河が取り囲んでいる。これらの運河は全て、17世紀のオランダ連邦共和国の全盛時代に造られている。

カイゼルは皇帝という意味で、神聖ローマ帝国のマクシミリアン1世にちなんで付けられた。

プリンセンは「公」という意味で、独立戦争（八十年戦争）の指導者でオランダ初代君主とされるオラニエ公ウィレム1世にちなんでいる。この運河はアンネ・フランクの家の前の運河である。

プリンセン運河の西側には、ヨルダーン地区といわれる下町があり、レンブラントも晩年、この地区に住んだことがある。

そのまた外に、17世紀の外堀であったシンゲル運河（Singelgracht）があり、その外側には国立美術館やゴッホ美術館がある。同じシンゲルでまぎらわしいが、内側の運河はシンゲル（Singel）、外側はシンゲル運河（Singelgracht）である。

主な運河を紹介したが、アムステルダムは165本の運河で構成され、その全長は100キロ以上あり、1281か所の橋で結ばれている。

2010年にユネスコの世界遺産として登録された。

今日の運河クルーズは、日本語の放送ガイドを流してくれる船会社で、中央駅の前から出発した。日本人だけのグループや日本人が多い場合は日本語のテープを流してくれるが、個人で参加する場合や、日本人が少なければ、英語しか流してくれないこともある。ツアー貸切りの船の場合は、国立美術館近くのシンゲル運河にある乗船場からスタートして、現地ガイドが同乗して案内することもある。

運河クルーズ船内

通常の運河クルーズは1時間コースであるが、ナイトコースで、「キャンドルクルーズ」や「カクテルクルーズ」は2時間かかるものもある。

キャンドルクルーズは、船内にキャンドルを灯し、ワインとチーズを味わいながら夜景を楽しむものだ。以前、別のツアーの添乗で一度キャンドルクルーズに乗船したことがある。ツアーの参加者も最初の一時間はワインと夜景で盛り上がっていたのだが、日本語の案内はないし、ツアーの疲れもあって、後半はほとんどの人が寝ていたようだ。

中央駅前から出発した船は、自転車置き場の見える駅の西側を通ってアイ湾に出る。アイ湾を東に進んで、駅の東側のオーステルドックに入り、運河の方へと進んでいく。オーステルドックに入ると、緑の船の形をした科学技術センター「ネモ」(Science Center NEMO) が見えてくる。関西空港と同じレンゾ・ピアノ氏の設計だ。近くには、18世紀の東インド会社が所有していた「アムステルダム号」の復元された船や、国立海洋博物館 (Het Scheepvaartmuseum) もある。

この辺りは、オランダの黄金時代と言われた17世紀には、港だったところである。モンテルバーンの塔 (Montelbaanstoren) も見える。

船会社や日によって通る運河は異なるが、主なスポットを紹介する。

アムステル川にかかるマヘレの跳ね橋 (Magerebrug) は、英語ではスキニー・ブリッジ (Skinny

Bridge）と案内される。直訳すると、「やせ細った橋」となる。

近くに住んでいたマヘレ姉妹が造ったという説もある。木造の跳ね橋で、17世紀に造られた。もともと手動で開閉する跳ね橋であったが、今は電動式となっている。そこから南へアムステル川を下ると、ホテル・アムステル（Inter Continental Hotel Amstel）がある。

ヘーレン運河から南へとつながっているレギュレリエス運河に差しかかるとき、外側に7つの橋が一度に見える。夜はライトアップされて、とてもきれいだ。

プリンセン運河を通ると、西教会やアンネの家を、今度は運河側から見ることができる。

2時間クルーズなどで、外側のシンゲル運河まで通るコースであれば、マヘレの跳ね橋からアムステル川を下ったところにあるホテル・アムステルや、ネーデルラント銀行、1988年までハイネケンのビール工場として使われていたビールの博物館ハイネケン・エクスペリエンス（Heineken Experience）、そして国立美術館やカジノなどが見える。

クルーズ中、一番気になるのが、運河に係留されている「ハウスボート」であろう。アムステルダムには、2500軒ほどのハウスボートがあると記録されているらしい。

マヘレの跳ね橋

ボートといっても、動力は搭載せず、動かない。外見は小さいが、中には、台所やリビング、寝室やトイレ、バスルームまであり、水道、電気、ガスも完備され、住所もある。

土地代の変わりに、運河代がかかり、ボートの大きさによって税金も異なる。

かつては、住宅不足解消のためであったが、今では、ハウスボートの価格が高く、市が発行する許可証も必要で、メンテナンス代も高く、とにかくお金がかかるため、お金持ちのためのステイタスシンボルの一つとなっている。

きれいに整ったリビングのソファでワイングラスを傾けるカップルやくつろいでいる人など、ガラス張りの窓を通して中がよく見える。

運河の両岸に浮かぶハウスボート

アムステルダムのフリータイム

今回のツアーは、ゴッホ美術館、アンネフランクの家、運河クルーズまでツアーに含まれていたが、春の花のシーズンはキューケンホーフ公園に行くために、国立美術館とダイヤモンド工場くらいしか行かないツアーが多い。今回案内した箇所が含まれていないツアーで、もしフリータイムが半日でもあるなら、運河クルーズかアンネフランクの家がおすすめである。開館時間は、4月から10月までは午後9時まで、11月から3月までは午後7時まで。長時間、列に並ぶことは覚悟しておこう。

もし、あなたがゴッホファンで、ツアーにゴッホ美術館が含まれていないなら、フリータイムに行こう。季節と曜日によっては入場に時間がかかるので、日時指定ができるなら、インターネットで事前予約したほうがいい。

アムステルダムの旧市街を移動するには、トラムが一番便利だ。中央駅から放射状に11路線、それと交差する環状路線が5本走っている。トラムの正面には、路線ごとに番号がついているので、行き先のコースを通る番号を確認して乗車するといい。

ゴッホ美術館に行くなら2番か5番に乗ればいい（Van Baerlestraat下車）。ビール好きな人で、ハイネケン・エクスペリエンスに行きたいなら16番か24番である（Stadhouderskade下車）。

チケットは車掌から購入できる。中央駅前のＧＶＢ（市営交通案内所）でＩＣカードを購入するほうが割安だが、半日のフリータイムで利用するだけなら車掌に（ワンマンの場合は運転手に）行き先を告げて購入するほうが簡単である。

アムステルダムのトラム

行きたいところがないなら、ダム広場あたりでゆっくりするのもいいし、アムステルダム特有の間口の狭い家が並ぶ運河周辺を散策するのも楽しい。

ダム広場からローキン通り（Rokin）を南へまっすぐ歩くと、左に運河が見えてくる。さらに少し南へ行くとムント広場（Muntplein）があり、角に「ムントタワー（Munttoren）」が建っている。

ムントタワーは、17世紀にアムステルダムが大発展する前まで存在した城壁の塔である。「ムント」とは貨幣のことで、造幣局として使われたことがあるのでそう呼ばれている。

ショッピングが好きなら、ローキン通りの一つ西のカルファー通り（Kalverstraat）を歩こう。たくさんの商店が並ぶショッピング街で、カルファートレーン（Kalvertoren）というショッピングセンターもある。この通りは、ダム広場とムント広場を結んでいて、歩行者天国となっている。

ただし、高級ブランドのブティック街はここではなく、国立美術館近くのPC《ペーセー》ホーフト通り（Pieter Cornelisz. Hooft straat）にある。

ダム広場周辺にはバイエンコルフ（Bijenkorf）などのデパートがあり、王宮の裏側には昔の中央郵便局を改造した美しい外観のマグナプラザ（Magna Plaza）というショッピングモールがある。

カルファー通りからムントタワーを望む

ムント広場の西側の運河、シンゲル沿いには花市場（Bloemenmarkt）がある。

運河沿いにボートハウスを利用した店舗が並び、種々の花や、球根、種などのほか、植栽に使用する品が並んでいるので、散策がてら、店を覗いてみるのもいいだろう。

知らずに通って驚くかもしれないので案内しておくが、ダム広場のすぐ近く、ダムラック通りの東側の旧教会周辺から運河をはさんだ両岸と裏の細い路地には、全面ガラス張りのドアがびっしり並んだ場所がある。ここは、世界的に有名な「飾り窓（De Wallen）」と呼ばれる売春地区（(Red-light district）である。

オランダでは売春が合法で、ガラス張りのドアは、それを職業とする女性たちがお客の目を惹くためのショーウィンドウなのである。

と説明すると、何ともいかがわしい雰囲気だが、彼女たちが営業を始めるのは、日が落ちた夜中から深夜にかけてであり、明るいうち（4月なら午後8時近くまで明るい）は、ほとんどのドアにはカーテンが降りていて、女性だけで歩いても、どうということはない。

花市場

ただし、明るいうちでも営業しているドアがあるので、カメラを向けたり立ち止まるのは厳禁である。男性がその前で立ち止まれば、ドアが開いて、手招きされるだろう。

しかし、夜の風景は一変する。街全体が赤いライトで照らされ、文字通りレッドライトに変貌するのだ。

もし、夜の光景を見てみたいと思うなら、レッドライト・ナイトウォーキングツアーに参加するのがいいかもしれない（20歳以上）。午後8時にスタートし、徒歩で2時間ぐらいなので、フリータイムのないツアーでも夕食後に参加することができる。英語のみだが現地ガイドの説明を聞きながら、飾り窓地区を見て回り、昔働いていた女性の話を聞くことができる。

インターネットか日本の旅行会社でも予約することができるので、興味があるなら出発前に予約しておくといいだろう。

また、飾り窓地区やその周辺を歩くと、コーヒーショップ（Coffeeshop）という看板のある店が目につくと思う。

コーヒーショップとは日本で言う喫茶店ではなくマリファナなどを売る店である。オランダでは、マリファナなどのソフトドラッグと呼ばれる麻

コーヒーショップ

飾り窓

薬も合法なのである。

コーヒーショップは住宅街にも存在するが、ドアを開けると強烈なマリファナ臭がするのですぐわかると思う。通常の喫茶店は、コーヒーショップではなく「コーヒーハウス（Koffiehuis）」と言われているので間違えないようにしてほしい。

断っておくが、オランダ以外のヨーロッパ諸国ではマリファナは違法である。もちろん、日本でも違法だ。帰国直前に興味本位でコーヒーショップに入り、着ている衣服にマリファナの臭いがついたまま日本の空港に到着すると、麻薬犬にマークされるかもしれないので入らないことをおすすめする。

アムステルダム近郊の観光

（ザーンセ・スカンス）


風車が回り、春には運河沿いに花が咲き乱れ、緑の外壁に白い縁取りの伝統的な家が並んでいる。そんな日本人が連想する典型的なオランダの風景に出会えるのが、風車村と言われているザーンセ・スカンス（Zaanse Schans）である。ツアーによってはフリータイムのオプションで、ザーンセ・スカンス観光にでかけることもある。

17世紀中ごろのオランダが最も繁栄していた時代、この地域には６００

ザーンセ・スカンス

以上の風車があり、工場の動力として利用されていた。風車の動力を利用して、製材、製紙、搾油、塗料などの製造が行われ、世界初の工業地帯が形成されていたのである。風車で製材した材木を利用して造船業が発達し、そのおかげで17世紀のオランダは世界貿易で繁栄した。

いくつかの風車は中に入ることができる。塗料の原料である石を砕くところや、マスタードを引いているところを見学できる。木靴の製作工房やチーズ工場などがあり、木靴や乳製品、その他のオランダ土産を売る店も充実している。オランダ的な風景を味わいたい人にはおすすめの場所である。

〈フォーレンダムとマルケン〉

フォーレンダムとマルケンは、アムステルダム近郊の漁港である。

フォーレンダムは漁港に面した小さな町で、中心部には土産物店やレストランが並んでいる。お土産店では伝統衣装を着た女性が歓迎してくれ、写真館で伝統衣装を着て写真を撮ることができる。

マルケンは、マイケル湖に浮かぶ本土と堤防でつながった小さな島で、オランダの田舎の風景を見ることができる。

ザーンセ・スカンスとフォーレンダム、マルケンを半日で回る近郊ツアーが出ているので、個人で観光したいなら、インターネットや日本の旅行代理店を通じて申し込むといいだろう。

キューケンホーフ公園とチューリップ

ベネルクスのツアーは圧倒的に春が多い。３月末から５月までの２カ月で、ピークは４月である。

私たち添乗員もこの時期にこの方面のツアーがなければ、その年はオランダに行くことがないぐらいである。つまり、日本の旅行会社は、オランダのチューリップの季節に合わせて、たくさんのベネルクス・ツアーを企画しているのである。

オランダのチューリップ栽培農家は、チューリップの花が咲くと、すぐに花を摘んでしまう。チューリップを栽培する目的が、花を売るためではなく、球根を作るためだからである。日本人旅行者が期待するチューリップの花が畑一面に咲いている光景を見られる期間は限定されている。

キューケンホーフ公園

チューリップの原産地はオランダではなく、トルコである。１５９４年にトルコから輸入されたチューリップが、オランダの湿ったやわらかい土壌でよく育ったので、何世紀にもわたって、園芸家たちは多くの品種を育ててきた。国中がチューリップに熱狂したので、オランダでは、１６３７年、世界初の経済バブル、チューリップバブルが起きている。

キューケンホーフ公園（Keukenhof）は、農家がチューリップの花を摘んでしまった後でも観光客がチューリップなどの花を楽しめるように、3月下旬から5月下旬までの春の2カ月間開園している。

キューケンホーフ公園は、アムステルダムの南西のリッセ市（Lisse）にある。

キューケン（keuken）というのは、オランダ語で台所、キッチンのことで、ホーフ（hof）は庭という意味があるので、キッチン・ガーデンといったところだ。公園の敷地は、当時、ヤコバ・ファン・バイエルン城の領地の一部で、15世紀頃は狩猟所であった。その城の「キッチンガーデン（キューケンホーフ）」で、ハーブが栽培されていて調理に使われていた。それが、公園の名前となっている。

1857年ごろに、アムステルダムのフォンデル公園を設計した造園家のJ・D・ゾッハーとL・P・ゾッハーが、庭園の設計を任される。二人はイングリッシュガーデンをお手本に、今のキューケンホーフ公園の原型を造りあげた。

1949年、キューケンホーフがあるリッセ市の市長と球根の花の生産業者や輸入業者が発起人となって、初めて球根のショールームとしての展示会が開催された。その後、毎年催されるようになり、世界中から大勢の人たちが訪れるようになった。

敷地面積は、32万平方メートルで、チューリップのほか、ヒヤシンス、水仙など、700万株の春の球根の花が咲いている。チューリップは１００種、４５０万株ほどあり、手作業で植えられる。他に、87種、２５００本以上の樹木がある。

その年によって天候が異なるので、暑すぎて花が早くに枯れてしまうこともあるが、この公園では、開園期間中は、たくさんの花々を楽しめるように努めている。温室やアフリカの花を植えたコーナー、それに日本庭園もある。

公園を巡る散歩道は15キロあり、風車や跳ね橋もある。花を眺めながら歩くのも楽しい。

公園の周辺にもチューリップ農園があるが、運がよければ、満開のチューリップ畑を見ることができるかもしれない。

土産店やカフェ、イベント会場もあり、トイレも完備されているので、ゆっくり回ってほしい。

キューケンホーフ公園は、ガイドが案内することはない。添乗員が駐車場から入り口まで案内して、公園内部では、各自が自由に散策するというツアーがほとんどである。

期間中は、アムステルダムからバスが出ているので、個人でも行ける。スキポール空港からも、空港のすぐ前から、キューケンホーフ公園行きのバスが出ている。

キューケンホーフ公園の外の農園

デンハーグ市街図

ビネンホーフ周辺

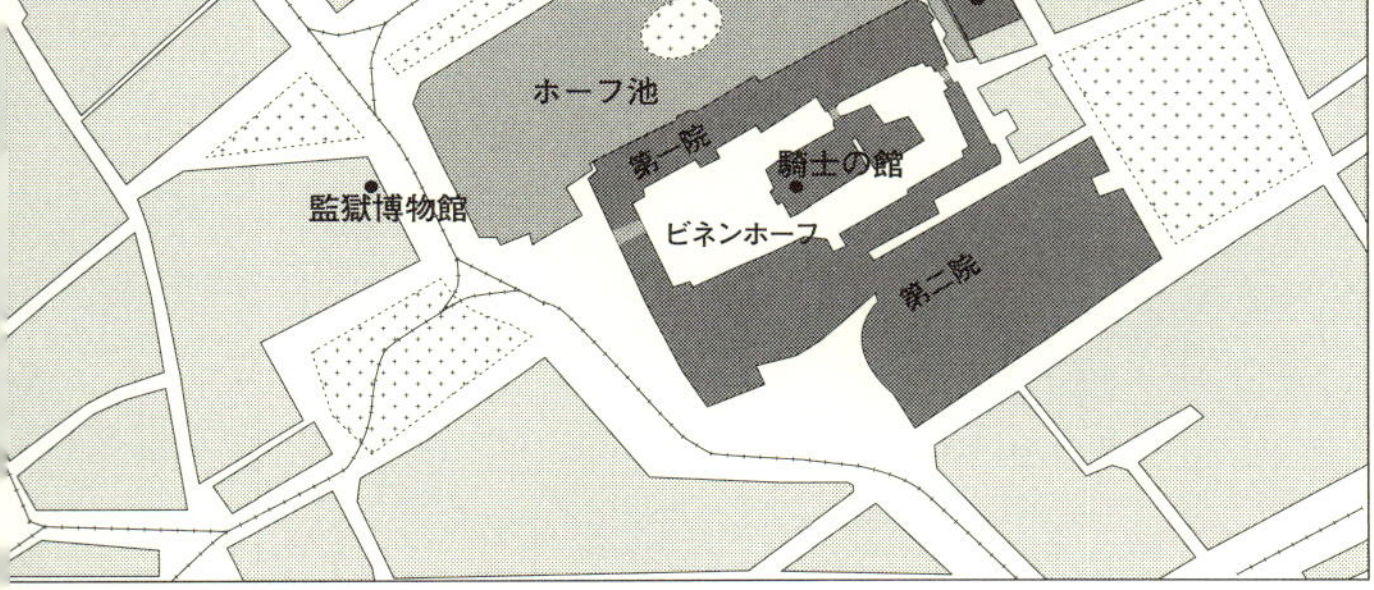

デン・ハーグ

デン・ハーグ（Den Haag）は、人口50万ほどのオランダ第3の都市で、アムステルダムから列車で1時間もかからない。また、アムステルダムが商業の中心とすると、デン・ハーグは政治の中心地である。オランダは王国であり、現在のウィレム・アレクサンダー国王一家はデン・ハーグに住んでいる。

デン・ハーグの「デン」は定冠詞で、英語では「ザ・ヘイグ（The Hague）」と表記される。日本語では、定冠詞を取って「ハーグ」とだけ表記されることも多い。

一般的なベネルクスツアーでは、日本からスキポール空港に到着すると、そのままバスでデン・ハーグまで移動して一泊し、翌日の午前中、デン・ハーグを観光するというコースが多い。

ただ、マウリッツハウス美術館が修復のため、２０１２年4月2日から２０１４年半ばまで閉館となってしまった。そのため、デン・ハーグ観光の目玉であるマウリッツハウス美術館が閉館中は、デン・ハーグがツアーから消え、代わりにデルフトの旧市街を観光することが多くなった。

マウリッツハウス修復期間中、美術品の多くはハーグ市立美術館に展示されたり、外国に貸し出されたりしている。フェルメールの「真珠の耳飾りの少女」をはじめとする美術館所蔵の多くの美術品が日本にも来て大変な人気を呼んだ。その後もアメリカなど世界中を旅している。２０１４年の夏にようやく故郷に戻る。

ビネンホーフ

デン・ハーグの観光は、現地在住の日本人ガイドが駅でバスに乗り込み、ビネンホーフの近くで下車して観光が始まった。街の中心部「ビネンホーフ（Binnenhof）」は中央駅に近く歩いて行ける距離にある。

ビネンホーフの北側にある池の前から、ガイドの案内が始まった。

「この池はホーフフェイファ（Hofvijver）といいます。フェイファが池のことなのでホーフ池ですね」

池のほとりからの眺めは美しく、写真を撮るのにも絶好の場所である。

「池に面した大きな建物がビネンホーフです。ビネンホーフは国会議事堂のある場所です」

ホーフ池のほとりをビネンホーフに向かって歩きながら、ガイドの案内は続く。

「オランダの正式名称はネーデルラントと言いますが、日本では皆がオランダと呼んでいますね。オランダという名称は、ホラント（Holland）からきています。アムステルダムのあるところが、北ホラント州、デン・ハーグは南ホラント州にあります」

ホーフ池とビネンホーフの建物

12世紀のオランダは、神聖ローマ帝国の一部ではあったが、実質的には主要な4つの領地に分かれて支配されていた。ユトレヒト司教領を中心に、ホラント伯領、ヘルレ伯領、そしてフリースラントである。

デン・ハーグのあるところはホラント伯領であり、後にホラント伯は勢力を広げ、アムステルダムのあったユトレヒトまでホラント伯領に組み込んでいった。1247年には、ホラント伯ウィレム2世がドイツ王(神聖ローマ皇帝）にも選ばれている。ドイツでは皇帝のいない大空位時代といわれているが、実力よりも内部抗争によって外国人が王に選ばれたといわれる。

「1247年当時、王に選ばれたウィレム2世は19歳でした。しかし、それから10年もたたないうちに、28歳で戦死してしまいました」

ウィレム2世の後、ホラント伯となった息子のフロリス5世は、ユトレヒトの貴族の争いに巻き込まれて殺害され、その息子ヤンは病弱で相続人を残さず、ホラント伯家は断絶した。婚姻関係により、エノー伯家（～14世紀）、バイエルン侯家（～15世紀初頭）がホラント伯領を相続することになる。

ビネンホーフの中に入ると、中庭の中央にある建物の前でガイドの説明が始まった。

「この建物が、ウィレム2世がデン・ハーグに構えた居城です。『騎士の館（Ridderzaal）』といわれて

ビネンホーフの中の騎士の館

います。ウィレム2世は、狩りのための館としてこの建物を建てました」

イヤホンガイドを使ってガイドの案内を聞きながら、ビネンホーフの中庭をゆっくりと歩いていく。

「毎年9月の第3火曜日に国会の開会式がここで開催されます。この開会式には国王夫妻を迎えて盛大なパレードが行われ、国王によって国会の開会宣言が行われます。2012年までは、ベアトリクス女王でしたが、2013年からはウィレム・アレクサンダー国王夫妻が黄金の馬車に乗ってパレードをされます。たくさんの赤い服を着た兵隊や馬に乗った兵隊も一緒に行進します」

周辺の建物は国会議事堂なのだが、いかめしい雰囲気はない。中庭のベンチでは、地元の人か、座って雑誌を読んでいる人もいる。

「王妃のマキシマさんはアルゼンチンの人で、お二人には3人の王女様がいらっしゃいます。オランダは先代が女王様だったように、男女関係なく一番上の子が王位に就きますので、長女のアマリア王女が王位継承者となります」

ビネンホーフは、建物には入れないが中庭はいつでも開放されているので、近くのホテルに泊まった場合は散歩することもできる。

マウリッツハウス美術館

ビネンホーフの北側の門から外に出ると、左手目前にある建物がマウリッツハウスだ。

マウリッツハウス（Mauritshuis）は「マウリッツハイス」と表記するが、オランダ語の発音では「ハウス」のほうが近いように聞こえる。「ハウステンボス」のハウスと同じである。

ビネンホーフの北、ホーフ池に面して建つマウリッツハウスは、マウリッツの家という意味で、正式名称はマウリッツハウス王立美術館（Kabinet van Schilderijen Mauritshuis）である。ヨハン・マウリッツ伯爵の邸宅として17世紀に建てられ、現在は美術館となっている。

ネーデルラント連邦共和国最後の総督ウィレム5世とその子、オランダ王国初代国王ウィレム1世のコレクションを中心に、ウィレム1世時代の1822年に王立美術館として開館した。

マウリッツハウスにある主な作品は、フェルメールの「真珠の耳飾りの少女」「デルフトの眺望」、レンブラントの「テュルプ博士の解剖学講義」「自画像」、ヤン・ステーンの「医者の訪問」、フランス・ハルスの「笑う少年」などで、美術品の宝庫である。

マウリッツハウス美術館

スケヴェニンゲン海岸、マドローダム

一年の半分が冬といわれるオランダでは、夏には北海の海岸へ出かけてリゾートを楽しむ人も多い。

「デン・ハーグにはスケヴェニンゲン海岸（Scheveningen）という、日本語からするとヘンな名前の海岸があります。ガイドブックではスヘーフェニンヘンと表記しているものも多いですが、市電などのアナウンスでは、どうしても「次はスケヴェニンゲン、スケヴェニンゲン」と聞こえます。ここでは毎年8月に国際花火大会が開催されます。日本では、花火大会といえば大体7時半ごろから始まって8時半か9時には終わることが多いですね。でも、ここでは日照時間が長く、8時はまだ明るすぎますので、10時ごろから花火が上がります」

スケヴェニンゲン海岸は、ビネンホーフから北西へ3～5キロのところにある。

今回のツアーでは訪れなかったが、デン・ハーグに泊まるツアーで明るい中に時間があれば、北海の海岸を散歩してみるのもいい。

スケヴェニンゲン海岸

個人でスケヴェニンゲン海岸まで行くには、トラムを利用するのがいいだろう。中央駅から20分ぐ

らいで着く。Ｈ・Ｓ駅か中央駅で１番のトラムに乗って、終点（Zwarte Pad）か手前のクールハウス（Kurhaus）で降りる。

途中、スケヴェニンゲン森林公園もある。

公園近くには、ミニチュアの町「マドローダム（Madurodam）」がある。最近のツアーではあまり行かないが、オランダの有名な建造物を25分の１に縮小した模型が展示され、その間を歩きながら見学するので、誰もが巨人になったような感じになる。

森林公園の少し南にある「平和宮（Vredespaleis）」の前を通ったので、予定にはなかったが写真ストップした。

１９１３年に、アメリカのカーネギー国際財団の寄付によって建てられたものである。

一階には国際司法裁判所が置かれ、現在は国連が管理している。

今回のツアーは、ちょうどマウリッツハウスが閉館の期間中であったため、デン・ハーグに立ち寄らなかったのだが、オランダ観光では重要な街なので、他のツアーで同行したときの様子を紹介した。

平和宮

デルフト

フェルメールの街を観光

デルフト（Delft）は、デン・ハーグ市街地の南に隣接する町である。

１８４２年に設立された名門大学、デルフト工科大学があるので学生街でもある。

また、デルフトはフェルメール（Vermeer）の生まれ故郷でもある。彼は生涯のほとんどをデルフトで過ごしている。

静かな運河の街であり、フェルメール愛好家には大変好評である。ただ、一般的には、デルフト焼の窯元を訪れるくらいで、デルフトの旧市街を観光するツアーは非常に少ない。しかし、マウリッツハウス美術館が修復閉館中は、デン・ハーグの代わりにデルフトを訪れるツアーが多かった。

今回は、マルクト広場にある新教会横でバスを下車。現地のガイドと合流して徒歩での観光となった。

デルフト市街図

「新教会は、フェルメールが洗礼を受けたプロテスタントの教会で、オランダでは2番目に大きな教会です。16世紀にスペインとの独立戦争を指導したオラニエ公は、ここに埋葬されています。そして、彼の子孫であるオランダ王室の人たちも、この教会に眠っています」

新教会（Nieuw Kerk）の塔の高さは１０８・75メートルある。塔の上まで登れるが３７９段の階段を上がらなければならない。今日は、簡単な市内観光だけなので、そこまでの時間は取れない。

新教会の前に立つのは、ライデン大学のヒューゴ・グロティウスの像である。

新教会から振り返って広場の反対側にあるのは市庁舎（Stadhuis）で、14世紀に建てられた。火災でほとんど消失し、17世紀に再建された。塔の部分は焼け残ったところである。

広場から北側の通りに進むと、デルフトウエア（Delftware）と書かれた建物が見える。

「このデルフトウエアと書かれた右隣の白い建物は、かつてＡＢＣ出版という出版社があり、フェルメールの絵が21点置かれていました。フェルメールの両親はメッヘレンという画商であり、宿屋でもありました。彼自身も、この近くにずっと住んでいました。フェルメール・センター（Vermeer Centrum）となっているところは、昔、フェルメールも入っ

新教会、右手前の建物は市庁舎

ていた画家の組合があったところで、その後、フェルメール幼稚園となり、現在はフェルメール関係の博物館として公開されています」

デルフトの町は、フェルメールの時代から変わってないところも多く残されている。

「小路」の絵の舞台も、デルフト旧市街の運河沿いである。

「フォルダーズ・グラーフト（Volders Gracht）と書かれている牛の顔の彫刻がある建物は、フェルメールが生まれる前からある肉屋です。隣には、魚屋もあります。どちらも、今でも営業していますが、フェルメールもここで買い物していたかもしれません」

魚屋の角を右に曲がって、運河沿いのヒッポリテュスブールト（Hippolytusbuurt）通りを北へ進むと旧教会（Oude Kerk）に着く。

「旧教会は、1240年から建てられ始めたとても古い教会です。遠くから見ると塔が傾いていますね。デルフトの斜塔です。この教会は二度も大火に遭いました。ステンドグラスは、もっと新しいものです。2003年から修復されました」

旧教会の中に入って、フェルメールの墓を見学する。

「フェルメールは、もともとは、今と違う場所に埋葬されていましたが、

傾いている旧教会の塔

フェルメールの墓

20年ほど前に場所が変わり、大きく、立派になりました。今になって、大変出世したのです。プロテスタントの教会ですので偶像崇拝は禁止です。質素で簡素な教会です」

教会の内部を見学しても「こんなものか」くらいにしか感じないが、先にベルギーのカトリック大聖堂などを見学した後でオランダの教会を見ると、その質素さがよくわかる。

旧教会のすぐ前には、独立戦争の指導者オラニエ公ウィレム1世が住まいとしていた建物が、「プリンセンホーフ博物館（Prinsenhof）」として残っている。15世紀に修道院として建てられた建物であったが、１５７２年から１５８４年までの12年間、オラニエ公が住んでいた。彼は、ここを起点に、スペインからの独立戦争を指導した。

１５８４年、ウィレム１世は、この館でカトリック教徒のフランス人に銃撃され死亡した。この建物の階段には、そのときの弾丸が残っている。

プリンセンホーフ博物館の近くには、タイルで有名なランベルト・ファン・メールテン博物館などもある。

徒歩での観光はこのくらいで、また新教会へと戻った。

旧市街の観光を終えて、デルフト焼き工房へ行く途中、バスの車窓から運河の向こう側にある「東門」と跳ね橋が見えた。

「デルフトは、運河に囲まれた町で、かつては城壁に囲まれていました。その城壁の東門が見えています。東門、跳ね橋、運河、どれもフェルメールの時代からあります」

マウリッツハウス美術館にあるフェルメールの代表作「デルフトの眺望」の実際の場所は、旧市街南端の運河が直角に曲がっているスヒー川の対岸から見た景色だといわれている。

周辺の建物は変わり、絵の中にあるスヒーダム門の時計塔やロッテルダム門も現在は存在しないが、雰囲気は残っているように思える。

ツアーで回ることはないが、フリータイムがあれば行ってみるのもいいかもしれない。

フェルメール「デルフトの眺望」

デルフト焼き

デルフト旧市街の観光がないツアーでも、必ず訪れるのがデルフト焼き工房である。

今回訪問したデ・ポースレン・フレス（De Porceleyne Fles）は、１６５３年創業のロイヤルの冠（ロイヤル・デルフト）を持つ老舗で、17世紀から現在まで続く唯一のデルフト焼きの工房である。

工房見学の他、陶器を初めとする土産物も買える。日本語でのビデオ上映もある。

16世紀始め、ネーデルラント（ベネルクス三国）に、イタリアからマジョリカ陶器の製法が伝わり、陶器が作られるようになった。最初に釉薬で彩色された陶器が作られたのはアントワープである。

16世紀の終わりから17世紀始めにかけて、オランダはスペインから独立した。１６０２年に発足した「連合オランダ東インド会社（ＶＯＣ）」は、元々、ベルギーのアントワープからアムステルダムへ逃げてきた商人たちがアジアから胡椒を輸入するために１５９５年に初めてアジアへと航海し、オランダの６つの都市の会社が合併してできた会社であった。

その中に、デルフトも含まれていた。しかし、デルフトには、貿易船が出入りできる外港がなかったので、近くの港町ロッテルダムに外港を造った。それが、「デルフト・ハーフェン」と言われるところで、今でもロッテルダムに残っている。

この貿易によって、中国から磁器が伝わった。当初は、直接、中国と取引することはできなかったが、１６６２年に、中国から陶磁器を買うことができた。その当時、日本から輸入されていた有田焼の青の美しさが評判を呼んだ。その影響を受けて、オランダで、独自の陶器が生産されるようになった。青を用いて彩色され、それが「デルフト・ブルー」と呼ばれるようになった。

ロイヤル・デルフト

ロッテルダム

アムステルダムに次いでオランダで2番目に大きな町である。観光でロッテルダムを訪れることは、ほとんどないが、デルフトやキンデルダイクの風車群に近いので1泊することがある。今回もロッテルダムのホテルを利用した。中央駅から5分くらい歩くと、世界初の歩行者天国である「ラインバーン商店街」にも行ける。

ロッテルダムは、他のオランダの都市とは異なって近代的な高層ビルの多い町でもある。ロッテルダムに立ち寄らないツアーでも、バスで高速道路を通り過ぎるとき、高層ビル群を見ることができる。第二次世界大戦で破壊されたため、近代的な都市に作り直したそうだ。もし、時間があれば、町の散策をしたい。

デルフトでも説明した「デルフト・ハーフェン」は、17、18世紀の町のたたずまいを残しているところである。元々、14世紀の終わりに、デルフトで作られた繊維とビールを輸出するため、デルフトからのヒスー運河をマース川に合流させた場所に、デルフトの外港として造られた。

1866年にロッテルダムに併合された。

キンデルダイクの風車群

オランダ西部の田園地帯には、風車が1000基ほど点在している。風車で有名なキンデルダイク（Kinderdijk）は、ロッテルダムの南東約13キロのレック川とノールト川に挟まれたところにある。

1997年、「キンデルダイク＝エルスハウトの風車網（Mill Network at Kinderdijk-Elshout）」としてユネスコの世界遺産に登録された。

風車の技術は、13世紀にフランスとドイツから伝えられたと言われる。英語で風車をウィンドミル（windmill）というように、風車はもともと製粉（mill）に使われていた。それをオランダでは排水に利用するようになった。国土の4分の1が海面よりも低いオランダは、国土を維持するためには排水が非常に重要な問題であった。

排水用風車は1407年にアルクマールに登場したのが最初である。その後、排水用として水位の調節に使われた。16世紀になると、風車は干拓にも使われるようになる。1526年には、風向きに合わせて羽の向きを変えられる新しいタイプの風車が発明され、さらに排水の能力が高まった。

オランダの干拓地は、まず、海や湖を堤防で仕切った後、用水路や運河を作って排水したのだが、

キンデルダイクの風車

仕切られた部分に土を入れて盛り土するわけではないので、洪水などで水かさが増えるとすぐに水に浸かってしまった。また、宅地化が進んで地盤沈下することもあった。そのため、常に、風車で干拓地の水を汲み出す必要があったのだ。水面がある一定の高さに到達すると風車のポンプを使って川に排水し、水面の高さを維持したのである。

キンデルダイクの風車は、この地方の干拓地の排水用に、１７４０年に19基建設された風車群である。この風車群はオランダでも最大規模で、これだけの風車が残っているところは他にはない。

内部を見学できる風車があるので中に入ってみると、意外に広い。階段で上に上がることができて、風車で歯車を動かす様子を見物できる。外に回ってみると勢いよく水を川に排出しているのが分かる。現在、風車は観光用に残されているだけで、実際の排水システムは、バス駐車場の近くの建物の中に新しい機械が導入されている。団体の場合、時間があれば、１時間くらいは取りたいところである。

キンデルダイク周辺には、今でも造船所がある。日本に送られた江戸幕府の軍艦で、日本人が初めて操縦して太平洋を横断した「咸臨丸」は、キンデルダイクの造船所で造られた。長さ49メートル、幅７メートルで、１８５７年に進水、そして長崎に到着、10万ドルで買った。太平洋を横断してサンフランシスコに入港、ハワイのホノルルを経由して帰国した。勝海舟も乗っていた。

クローラー・ミュラー美術館

クローラー・ミュラー美術館（Kröller Müller Museum）は、アムステルダムのゴッホ美術館に次いで多くのゴッホ作品を所蔵している。

アムステルダムの東、ヘルダーラント州のデ・ホーヘ・フェルウェ国立公園の中にある。

アントン・クローラー氏、夫人ヘレン・ミュラーにより、１９３８年に開館した。

ヘレン・ミュラー夫人の両親が貿易会社を経営しており、アントン・クローラー氏は社員であった。

アントン氏は宝くじで大金を得て、結婚後、夫婦で、34年間かけてゴッホの作品を収集した。

今回のツアーには含まれていたので、美術館の手前でバスを降りて見学することができた。ただ、一般的なベネルクスツアーでこの美術館を訪れることはあまりない。

ゴッホファンなら、ぜひ訪れたい美術館だが、個人で来るには、アムステルダムから鉄道とバスを乗り継いで行く必要があり、訪問するのは容易ではない。どうしても行きたいなら、費用はかかるが選任の日本人ガイドを手配して同行してもらうことをおすすめする。

今回はガイドが案内してくれたので説明すると、ゴッホの主な作品は、まず、「アルルの跳ね橋（ラングロワの跳ね橋)」(1888年5月)。この橋はアルルに再現されたものがある。

次に、「夜のカフェテラス(星空のカフェテラス)」(1888年9月)。この作品もアルルのフォルム広場に現存するカフェである。

そして、アルル時代の友人アルジェリア士官を描いた「ミリエの肖像」(1888年9月)。発作と病院生活の繰り返しの間に描かれた「糸杉と星の道」(1890年5月)、などがある。

ゴッホ美術館で見た「ジャガイモを食べる人たち」と同じだが少し小さい作品や、「ひまわり」が一枚、「青い花びんの花」、「バラの花」。アルルで友達になったルーランさん一家の奥さんの肖像画「ルーラン夫人」などがある。

ゴッホ以外にも、点描画家シニャックの作品や、ルノワールの「カフェにて」「道化師」、ピカソの「バイオリン」「ギター」などもある。

古いものでは、16世紀のドイツの画家クラーナッハの「ヴィーナスとはちみつを盗むキューピッド」がある。

美術館の周辺の、彫刻庭園には、野外彫刻の作品が点在している。

クローラー・ミュラー美術館のあるデ・ホーヘ・フェルウェ国立公園は、オランダ最大の自然公園であり、広さは5500ヘクタールある。無料の貸し自転車があるので、美術館で過ごすだけでなく、時間があれば、のんびりと公園内をサイクリングするのも楽しいだろう。

ユトレヒト

ユトレヒト（Utrecht）は人口30万、オランダ第4の都市である。最近のツアーでは含まれなくなったが、1579年のオランダ独立のとき、ユトレヒト同盟が結ばれた歴史的にも大変重要な町である。ユトレヒト大学は、オランダ独立が認められる（1648年）前の1636年に創設された。大学の中には1409年に造られた教会の参事会室があり、ここで、ユトレヒト同盟が結ばれた。

ユトレヒトのランドマークとなっているドーム教会（Domkerk）の塔はオランダ一高い。高さ112メートルで102メートルのところまで上ることができるが、465段の階段を上ることになるので体力が必要だ。塔は1321年から1381年にかけて建てられた。

ドーム（大聖堂）教会は、オランダでは最古のゴシック様式の建物である。通常、大聖堂といえば、カトリックの司教座が置かれているところだが、プロテスタント教会なので大聖堂という名の教会といった感じなのだろう。1254年に大聖堂として建てられたが、1580年にプロテスタント政府は司教座の廃止を決め、プロテスタントの教会となっている。

日本で人気のキャラクター、うさぎの「ミッフィー」は、ユトレヒト出身のディック・ブルーナーによって1955年に生み出された。2006年にオープンしたディック・ブルーナー・ハウスやミフィーの像がある。ミッフィーは英語の呼び名で、オランダ語ではナインチェ（Nijntje）という。

マーストリヒト

マーストリヒト（Maastricht）は、リンブルク州の州都で人口は12万人、市の中央をマース川が流れている。

街は、オランダの南東部、ドイツ寄りにあるので、オランダ、ベルギーだけのツアーでは訪れないことが多い。

今回のツアーもそうだが、ベネルクス３国周遊ツアーでは、ルクセンブルクからアムステルダムへ戻ってくる途中に訪れることが多い。

また、マーストリヒトといえば、ＥＵ（欧州連合）の創設を定めた「マーストリヒト条約」で知られている。

マーストリヒト条約（欧州連合条約）が締結されたのは、マース川に面する州庁舎である。１９９１年12月に会議が行われ、１９９２年2月に調印、１９９３年11月に発効した。

マーストリヒ市街図

ヘルポート（地獄の門）と聖母教会

川のそばにある駐車場でバスから下車すると、現地のガイドと待ち合わせて徒歩での観光が始まった。マーストリヒトのガイドは、英語ガイドなので、添乗員である私が通訳しての案内である。公園の中を少し歩くと、「ヘルポート（Helpoort）」（地獄の門）が見えてくる。

ヘルポートは、街を取り囲む城門の一つで、１２２９年に造られたオランダ最古の門である。

中世ヨーロッパの街は城壁に囲まれていた。城壁にはいくつか門があり、夕方には閉じて治安を守った。その当時、街の外、つまり門の外でペストが流行した。そこでペストが街の中に入ってこないように、一旦街の外に出た人は門を閉めて中に入れないようにした。そのために、地獄の門と呼ばれるようになった。

門の外には、病人が収容されていた建物が並んでいる。

現在この門は、町の歴史博物館となっており、夏季のみ入場できる。城壁の一部が少し残っていて、その上は遊歩道になっている。

ヘルポートの西側には城壁が残っており、ところどころに「魔女の角」とか「5つの頭」などの名前がつけられている。

ヘルポート（地獄の門）

城壁の周辺には美しい小川が流れており、水車もある。城壁の外側は公園になっている。

ヘルポートを少し北に行くと聖母教会（Onze Lieve Vrouwebasiliek）が見えてくる。

11世紀に建てられたカトリックの教会で、12世紀に建造された西側部分は、巨大な壁のように建物で両脇に尖塔が聳えている。

内部に入ると、祭壇の前には熱心な信者によってロウソクが捧げられており、この教会がカトリック教会だということがわかる。

フライトホーフ広場と聖セルファース教会、聖ヤンス教会

マーストリヒトの街は、ローマ時代である紀元前50年に始まった。当時、ローマ軍が「マースの渡し場」と呼ぶ居留地を築いた。それが、街の名前の由来になっている。

3世紀には要塞が頑丈に建築され、4世紀には司教本部がここに移された。

聖母教会の巨大な壁

（左）聖ヤンス教会、（右）聖セルファース教会

移した人の名は、セルファティウス。聖セルファース教会（Basiliek van Sint Servaas）の名の由来となっている。オランダ最初の司教であり、マーストリヒトの守護聖人となっていて、この教会で眠っている（地下墓所に墓がある）。教会そのものは、５６０年に最初に建てられた。その後、ロマネスク、ゴシック時代を経て、15世紀に今のような形となった。

今回のツアーでは中に入らなかったが、教会内部には宝物館もある。黄金の聖セルファースの像や聖遺物箱が展示してある（有料）。

教会の前には、フライトホーフ（Vrijthof）広場が広がっている。

聖セルファース教会の向かって左隣には、聖ヤンス教会（Sint Janskerk）がある。もともとはカトリック教会であったが、17世紀からは、プロテスタントの教会として使用されている。有料だが塔に上ることもできる。

マーストリヒトをガイドと一緒に歩きながら観光していると、「セレクシス・ドミニカン（Selexyz Dominicanen）」という「教会の書店」に連れて行ってくれることがある。14世紀に建てられた聖ドミニコ教会を利用した書店である。

一番奥の祭壇があった場所には、カフェもある。十字架の形をしたテーブルもある。

セレクシス・ドミニカン

２００８年には英国ガーディアン紙で「世界一美しい本屋」に選ばれた。ガイドの話では、書店になる前は自転車置き場だったらしい。

マルクト広場と市庁舎

フライトホーフ広場から北東へと歩くと、市庁舎のあるマルクト広場がある。市庁舎は、17世紀に建てられた建物である。

マース川にかかっている石橋はセルファース橋で、１２８０年から１２９８年に造られたオランダ最古の橋の一つである。セルファース教会と中央駅を結んでいる。

マーストリヒトの旧市街地を見学した後、対岸のホテルで1泊した。

今回のツアーでは、翌日、クローラー・ミュラー美術館に立ち寄ってから、アムステルダムに戻る。

マルクト広場に建つ市庁舎

ベネルクスの歴史

（フランク王国の誕生）

現在ベネルクスがある地域は、ローマ帝国時代には、ローマの属州ガリアの一部で、ガリア・ベルギカ（Gallia Belgica）と呼ばれ、ベルガエ（Belgae）人が住んでいた。ベルガエ人は、ゲルマン民族の影響を受けてゲルマン化したケルト人である。このベルガエがベルギーという国名の起源である。

４７６年に西ローマ帝国が滅んだ後、５世紀の終わりごろには、フランク王国が勢力を拡大した。ベルギーは、フランク王国の初期王朝、メロヴィング朝（４８１年～７５１年）の中心地であった。フランク王国を建国したクローヴィス１世は、ベルギーのトゥルネー生まれ。トゥルネーが王国の首都となった。６９０年ごろには、オランダの北海沿岸に住むフリース人がフランク王国の支配下に入る。

メロヴィング朝のあとを継いだカロリング朝（７５１年～９８７年）のカール大帝がドイツのアーヘンに首都を移してからは、フランク王国の中心は、より北東となった。カロリング朝の時代には、現在のオランダのマーストリヒト辺りがフランク王国の中心になった。

カール大帝の時代、フランク王国は拡張を続け、現在のドイツ、フランス、ベネルクス、スイス、オーストリア、イタリア北部にまで領土を拡大、ほぼ西ローマ帝国の主要部分を統一した。カール大帝は、800年には、ローマ教皇レオ3世から西ローマ帝国皇帝の戴冠を受ける。

810年には、ノルマン人の侵攻が始まり、これは1107年まで続く。

カール大帝は814年にアーヘンで死去した。アーヘン大聖堂には、今も大帝の遺骨が存在する。そのあとを息子のルートヴィヒ1世が継いだ。ルートヴィヒ1世が死ぬと、843年のヴェルダン条約で3人の息子がフランク王国を3分割し、それぞれがその領土を相続した。

中部フランク王国は長兄ロタールが、東フランク王国はルートヴィヒが、そして西フランク王国は末弟カール（シャルル）が相続した。

3分割の時代、ベネルクスは、ロタールが相続した中部フランク王国の北の端に位置していた。ロタールの国という意味で、ロタリンギア（ドイツ語ではロートリンゲン、フランス語ではロレーヌ）と呼ばれた。

870年、ロタールの死によって中部フランク王国は二人の弟に分割（メルセン条約による）され、東フランク王国がほぼ

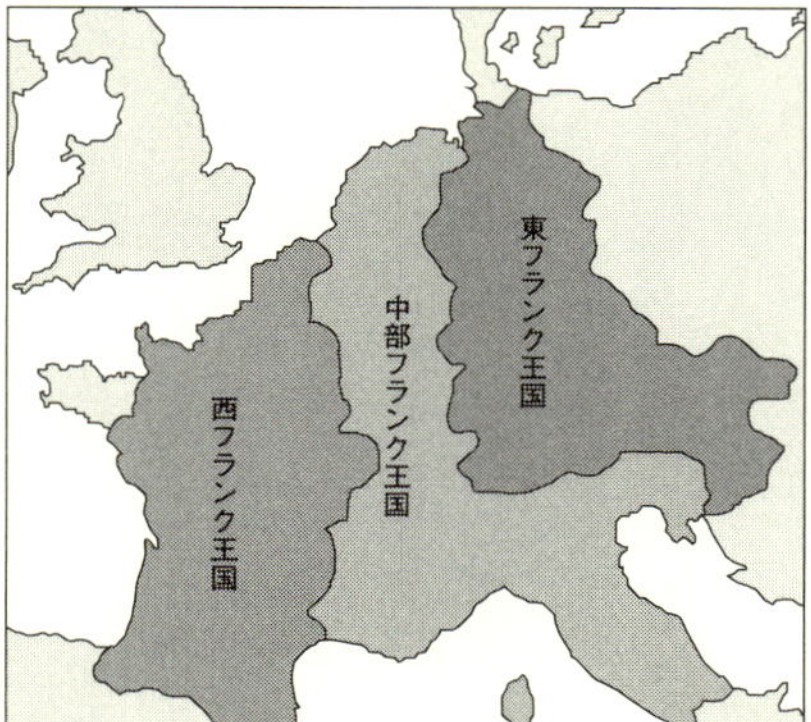

843年ヴェルダン条約後のフランク王国

今のドイツ、西フランク王国がフランスとなった。

メルセン条約では、モーゼル川上流とマース川下流の線に沿ってロタリンギアが西と東に分かれた。現在のオランダに属する地域は、南部のみ西フランク、ロッテルダム辺りから北はほとんどが東フランクになった。

ベルギーは、スヘルデ川を境にして西側が西フランク、東側が東フランクだったので、東部を除いてほぼ西フランクに入った。ルクセンブルクは、西半分が西フランク、東側が東フランクとなった。

ところが、その後も紛争が続き、８８０年のリベモン条約により、東フランク王国のルートヴィヒ３世が、ロタリンギア西部も獲得することになった。中部フランク王国だった領域のうち、ブルゴーニュと北イタリアを除いて（この地域は亡くなった長兄ロタールの息子の領域）、北部のロタリンギア全てが東フランクに入ったのである。つまり、結果として、今日のベネルクスは、ほとんどが東フランク王国の一部となった。

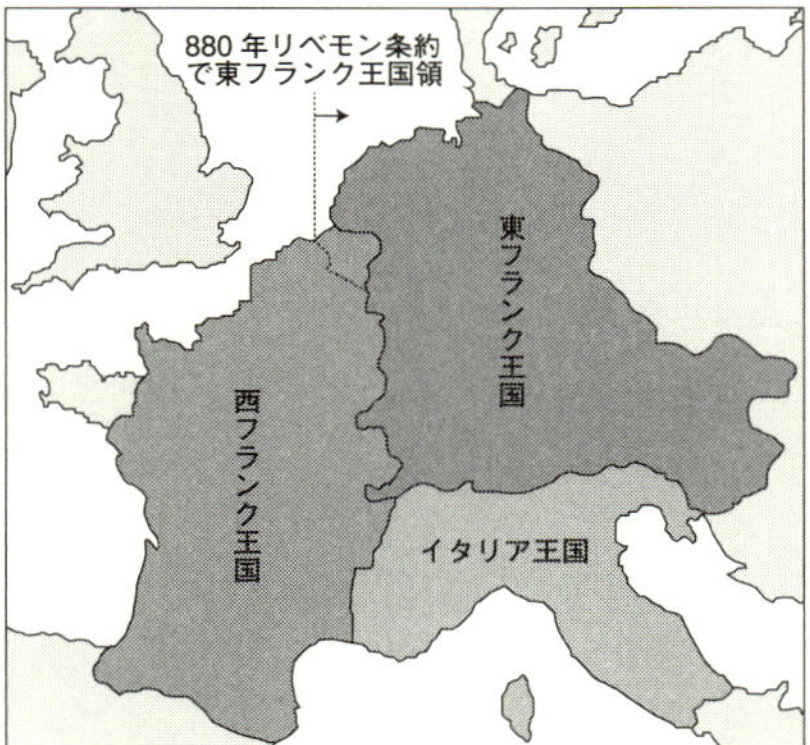

870 年メルセン条約後のフランク王国

（神聖ローマ帝国の諸領邦時代）

フランク王国は広大な領土だったので、領土を分けて、それぞれに領主を付けた。

今でも名前が残っている「公」「伯」などである。９世紀には、ノルマン人の襲来から身を守るために、封建国家が誕生した。

東フランク王国（ドイツ王国）は、神聖ローマ帝国と名を変えていくが、その時代、ベネルクスの地域には、多くの領邦が存在した。現在でも、その大部分は州の名前として残っている。

フリースラント：神聖ローマ帝国から半独立していた。現在はオランダ。
ホラント伯領：神聖ローマ帝国に属す。「ホラント」が、「オランダ」という名の由来。
ヘルレ伯領：神聖ローマ帝国に属す。現在はオランダ、ヘルダーラント州。
ユトレヒト司教領：現在はオランダ。
ゼーランド伯領：現在はオランダ。
エノー伯領：現在はオランダ。
フランドル伯領：フランス王国に属す。ブルージュ、ゲントなど、現在はベルギー。
ブラバント公国：12世紀に成立。現在のブリュッセル、アントワープと、オランダ南部を含む地域。
リンブルク伯領：神聖ローマ帝国に属す。現在のオランダのマーストリヒトからベルギーのリンブルク州辺り。
ナミュール伯領：現在はベルギーのワロン地方。
リエージュ司教領：現在はベルギーのワロン地方。

ルクセンブルク公国：現在のルクセンブルク。

などである。

現在のベルギーの内、フランドルはフランス王に従属し、他の領土は神聖ローマ帝国（ドイツ）に属した。

これから訪れるブルージュやゲントなどのフランドルは、毛織物業が発達し、その美しい毛織物を求めてこの地を訪れる各地の商人が増え、ブルージュ、ゲント、イーペルなどの毛織物都市が繁栄した。

フランドルは、封建制度としてはフランス王国の封土となるが、経済的にはイギリスに従属していた。それはフランドルの毛織物産業の原料である「羊毛」をイギリスから輸入していたからである。商人たちは、イギリスから羊毛を輸入し、製品をヨーロッパ各地、アフリカ、オリエントへと輸出していた。

イギリスの羊毛商人は、ブルージュの港を唯一の羊毛輸出市場とし、西ヨーロッパ最大の貿易港となった。

ヨーロッパの石造りの城や宮殿での生活は冬の寒さが厳しく、絨毯やタペストリーが必需品であった。

（ブルゴーニュ公国の時代）

「ブルゴーニュ」と言えば、ワインで有名なフランス東部の一地方であるが、14、15世紀のブルゴーニュ公国は、ベネルクスをも含む広大な領地を支配していた。英仏間で戦った百年戦争の時代のことである。

フランスでは、987年から続いていた王家カペー朝が断絶し、1328年に傍系ヴァロワ家のフィリップ6世がフランス王に即位した。

それに対してイギリス王エドワード3世は、母親がフランス王女であったため、フランスの王位を主張したのが戦争の始まりである。

ジャンヌダルクで有名な百年戦争は、1337年に始まった。1346年にクレシーの戦い、1356年にはポワティエの戦いが起こったが、どちらもフランスは敗北する。

このポワティエの戦いで、フランス王ジャン2世の末息子フィリップは、最後まで父を助けて勇猛に戦い、ブルゴーニュ公爵領を授かった。ヴァロワ・ブルゴーニュ公家の誕生である。

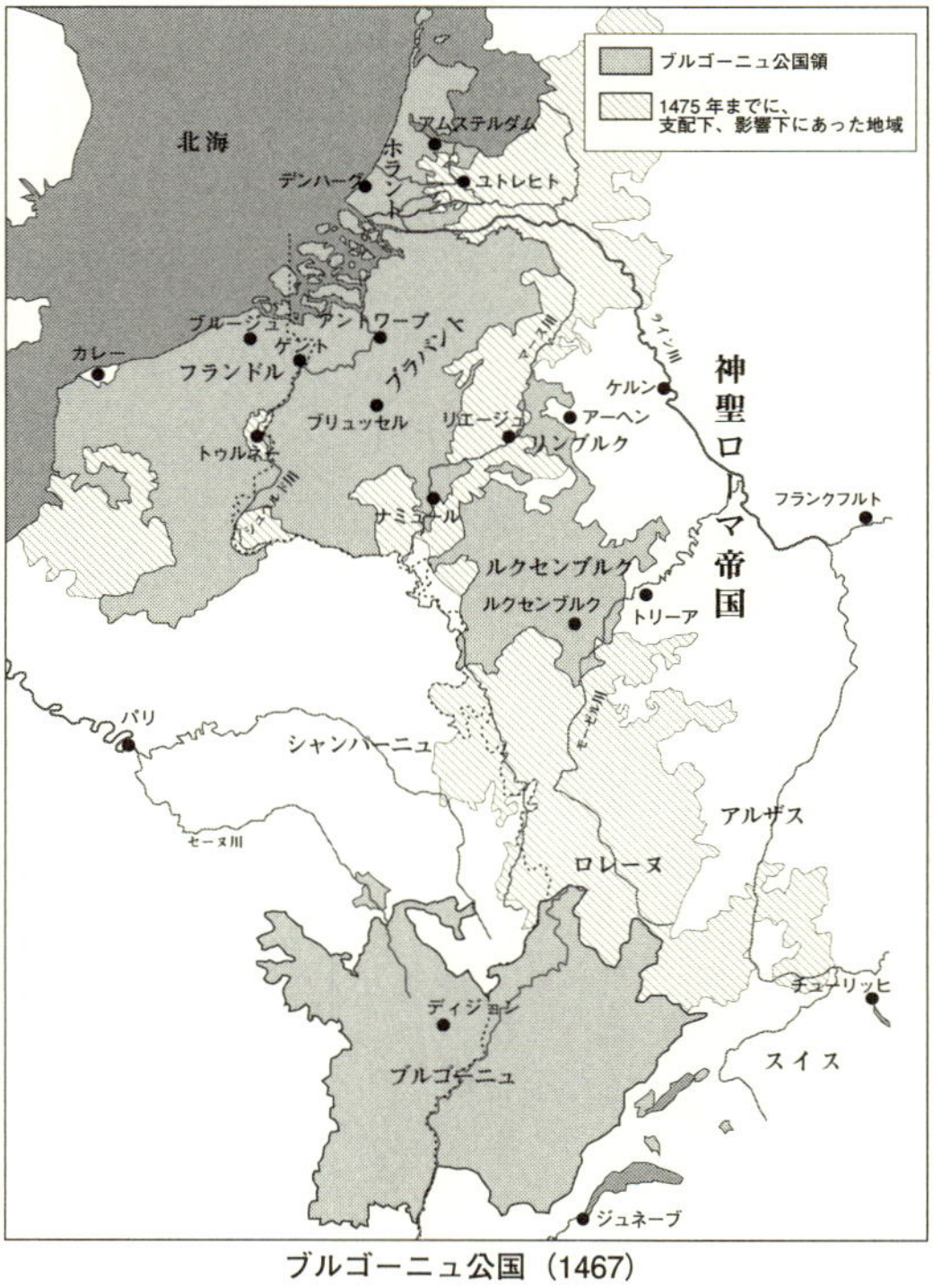

ブルゴーニュ公国（1467）

フランス王家ヴァロワ家の分家として誕生したブルゴーニュ公家であるが、初代のブルゴーニュ公フィリップは、フランドル伯の娘であるマルグリットと結婚したおかげで、後に妻の領土「フランドル伯領」をも相続する。ブルゴーニュ公領とフランドル伯領の離れた2つの地域を統治することとなったのだ。

ブルゴーニュ公国は、その後4代、100年に亘って続くことになる。

次の4人がブルゴーニュ公国の君主である。ヨーロッパでは同じ名前の君主が多く、それぞれにあだ名がついていた。（）内は一般的なあだ名の日本語訳である。

○初代：フィリップ・ル・アルディ（豪胆公）（在位1363年～1404年）妻のフランドル伯領と、フランシュ・コンテ（ブルゴーニュ伯領）も領有する。

○2代目：ジャン・サン・プール（無怖公）フィリップの息子。在位1404年～1419年）フランドルで育つ。フランス宮廷内の争いで暗殺される。

○3代目：フィリップ・ル・ボン（善良公）ジャンの息子。在位1419年～1467年）彼の時代に、ネーデルラントの領土を婚姻や買収によって次々に支配下におさめ、1430年にはブラバント公国を併合、1433年にはホラント・ゼーラント伯領を、1443年にはルクセンブルク公国を、1455年にはユトレヒト司教領をも治めた。つまり、現在のオランダの地域もブルゴーニュ領となった。そして、ブルゴーニュ公国の首都をディジョンからブリュッセルへと移した。金羊毛騎士団を創設、この時代、ブルゴーニュ公国は絶頂期を迎えた。

○4代目：シャルル・ル・テメレール（突進公）フィリップの三男（兄二人は夭折）。在位1467年～1477年。）シャルル突進公は、領土がフランドルとブルゴーニュに分かれて離れているのでつなごうとした。しかし、フランス王ルイ11世に阻止され、1477年1月、ナンシーの戦いで戦死。シャルルには息子がいなかった。マリアという娘が一人いただけだった。

シャルルの戦死により公国は内乱状態となり、本来のブルゴーニュのほとんどをフランス王ルイ11世に接収された。さらにフランドルまでもフランスにとられることを恐れたマリアは、父の生前に婚約していたハプスブルク家のマクシミリアン大公（後の神聖ローマ皇帝）に救援を求めた。ブルゴーニュのお姫様が困っているという知らせを受けたマクシミリアンは、遠いウィーンからブルゴーニュへと駆けつけた。

そして、1477年8月19日には、ゲントの聖バーフ教会にて二人は結婚式を挙げる。マリア19歳、マクシミリアンは18歳であった。

マクシミリアンは、1459年ウィーン生まれ。父は神聖ローマ皇帝フリードリヒ3世、母はすでに亡くなっていたが、ポルトガル出身のエレオノーレであった。当時のウィーンはヨーロッパの東端の片田舎で、経済的にも文化的にも先進地域であったブルゴーニュに、マクシミリアンは驚いた。

政略結婚ではあったが、二人の夫婦仲はとても良かった。共通の言葉はラテン語であったが、マリアはフランス語、マクシミリアンはドイツ語をお互いに教え合いながら仲良く過ごした。二人で馬に乗って狩りにもよく出掛けた。そして、一男一女にも恵まれた。３人目は夭折したがまたすぐに身ごもった。

しかし、身重のマリアは馬で出掛けたときに落馬し、そのまま手当もできずに３週間後に24歳の人生を終えた。まだ結婚して５年にも満たない１４８２年３月のことである。

マリアは死に際して、フィリップとマルガレータの２人の子供を公国の相続人とすること、フィリップが15歳になるまで夫マクシミリアンが後見人となること、という遺言を残した。そのとき、フィリップは３歳、マルガレータは２歳になったばかりであった。

マリアの遺言にもかかわらず、フィリップが公爵位を継いでマクシミリアンが摂政になると、それに反対する勢力が再び反乱を起こした。フランスのルイ11世によるブリュッセルの穀物市場の妨害や通商の妨げなどにより、公国内では反フランス機運がますます高まった。ブルゴーニュ公国中でも、フランスから遠いホラント、ゼーラント、ルクセンブルク、ナミュール、ヘンネガウの５州は、マクシミリアンをフィリップの後見人にすることを認めていたが、フランスの侵略に備えて、傭兵を調達

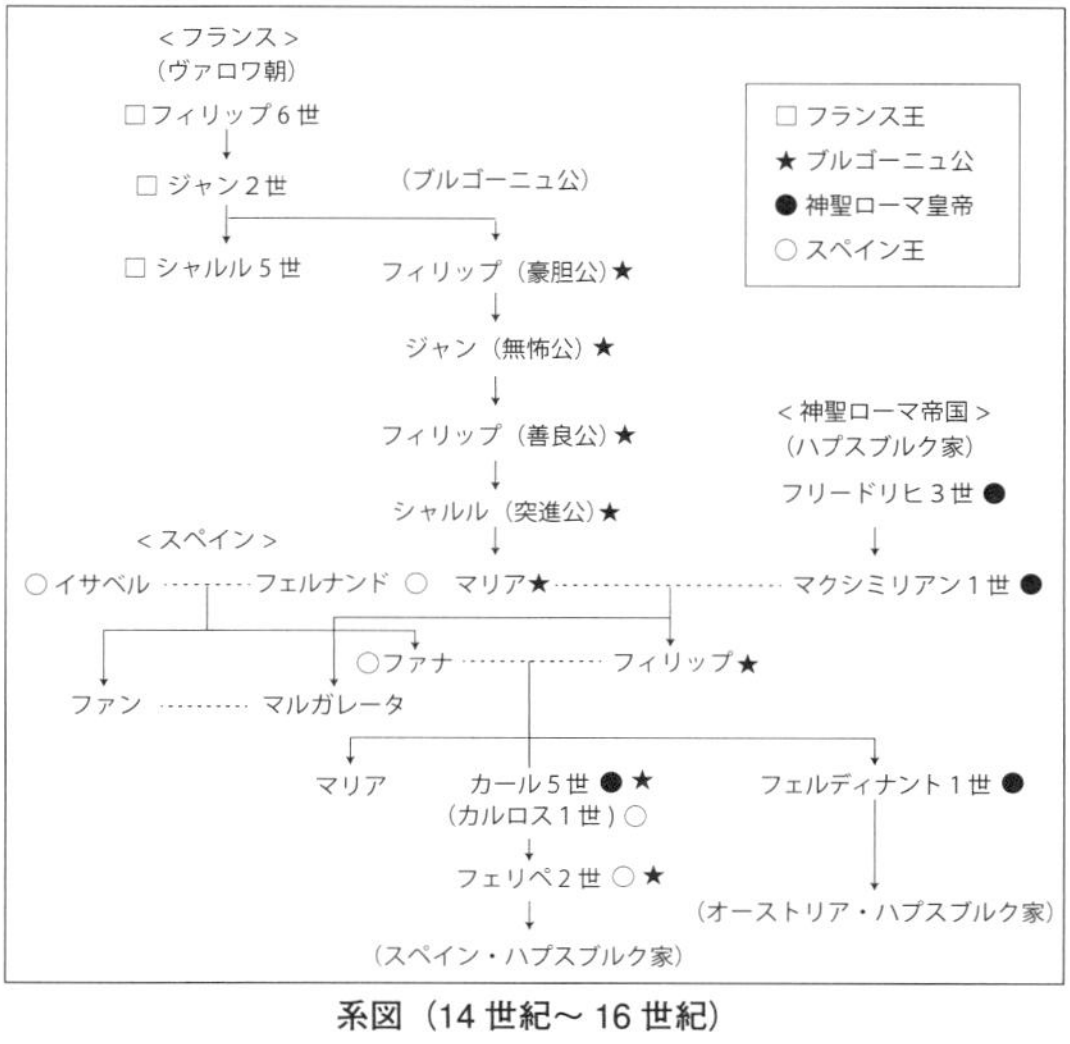

系図（14世紀〜16世紀）

するため、ビール税などの税率を上げたことに対してブルージュ、ゲント、イーペルを首班とする親仏派の諸都市は、反乱を起こし、１４８８年、マクシミリアンをブルージュの商人屋敷に幽閉した。後程訪れるブルージュのマルクト広場に面する「クローネンブルク・ハウス」という塔のある建物である。

ブルージュの市民は、マクシミリアンの代官であったペーター・ランクハルツ（ピエール・ランシエ）を斬首刑にした。そして、マクシミリアンへの見せしめに、幽閉されている窓から刑執行の様子を彼に見させた。釈放された後、マクシミリアンは、殺された代官の家紋が白鳥だったことから、ブルージュの人々の行ったことを永久に忘れないように、街の運河に白鳥を放った。

その後、父フリードリヒ３世が軍を派遣して、ブルージュとゲントと誓約を交わし、マクシミリアンは救出された。

１４８９年、マクシミリアンはブルゴーニュを去ることになった。２人の子供は父親と離れ、息子のフィリップはブルゴーニュの宮廷で育てられた。娘のマルガレータは３歳のとき、フランスの王太子シャルル（後のフランス王シャルル８世）の婚約者として、人質のような形でフランスに送られた。

その後、マルガレータはロワールの古城のアンボワーズ城で育った。しかし、フランス王になったシャルル8世は、ブルターニュ公国のアンヌ公女と結婚するためマルガレータを離縁。マルガレータは13歳にして、ようやくフランドルへ帰ることができた。

（ハプスブルク家の時代）

１４８９年にマクシミリアンがブルゴーニュを去ってからも、ハプスブルク軍とフランドルの反乱軍との間で戦いは続いた。そして、１４９３年、最終的に、フランドルはマクシミリアンをブルゴーニュの君主と認め、ハプスブルクによるネーデルラントの統治が確立した。

そのころ、スペインのアラゴン王フェルナンドがマクシミリアンに、子供たちの結婚話を持ちかけた。

スペインは、１４９２年に最後のグラナダ王国陥落で、長いイスラム支配が完了し、また同じ年に、コロンブスによるアメリカ大陸到達があって、これから黄金時代を迎えようとしているときであった。

スペイン、カスティーリャ女王のイサベルとアラゴン王のフェルナンドの間には５人の子供がいた。マクシミリアンは、自分の息子と娘を、スペイン王の子供２人と結び付けることにした。フランスのイタリア侵攻に対抗しての政略結婚であった。

息子フィリップには、スペイン王女ファナにお嫁に来てもらい、ファナがスペインから乗って来た船にマルガレータが乗って、スペイン王の一人息子ファン王子のもとへとお嫁に行くことになった。１４９７年、両方の結婚式が行われた。

ブルゴーニュ公フィリップとファナの間には、最終的に６人の子供が誕生した。そのうちの４人はフランドルで生まれ、残りの2人はスペインで生まれた。

2番目の子（長男）が、後の神聖ローマ皇帝となるカール5世（スペイン王カルロス1世）である。1500年2月にゲントで生まれた。一方、スペインでは、結婚半年でマルガレータの夫ファン王子が亡くなった。スペイン王家ただ一人の男子であるファンが亡くなり、スペイン王家の後継者は、ファンの姉となった。しかし、その姉も、さらに彼女の息子も亡くなり、後継者はフランドルに嫁いでいるファナに回ってきた。

イサベル女王の死後、フィリップはファナと共にスペインへ行く。しかし、フィリップはスペインで急死してしまう。妻のファナも精神状態がおかしくなり、フランドルに帰ることはなかった。

未亡人となったマルガレータは、スペインからフランドルへ戻り、父マクシミリアンの命でサヴォイア家のフィリベルト2世と再婚した（1501年）。マルガレータは、政治に無関心な夫に代わって政治に手腕を発揮し腐敗した貴族を追放。政治改革を行って、サヴォイア公国の経済を立て直した。

しかし、3年後の1504年に夫が死亡、子供ができなかったので、またフランドルに戻り、兄フィリップの遺児4人を養育した。


（スペイン支配時代）

ブルゴーニュ公（つまりネーデルラント）は、6歳のカールが相続し、叔母であるマルガレータが摂政代理となった。1507年、マルガレータはマクシミリアンによりネーデルラント総督に任命された。

スペインでは王位相続者が次々と死亡したので、カールに王位継承が回ってきた。１５１７年、カールは17歳でスペインに赴き、スペイン王カルロス1世となった。カールが不在中のネーデルラントは、総督である叔母のマルガレータが統治した。

１５１９年、マクシミリアン1世が死亡すると、次の神聖ローマ皇帝選出をカールとフランス王フランソワ1世が争うことになったが、叔母マルガレータはアウクスブルクのフッガー家などハプスブルク家に出入りする金融業者たちに融資を依頼するなど、甥の皇帝選出のために力を尽くした。マルガレータは、カールが皇帝に選任された後も総督を続けたが、１５３０年12月1日に死亡した。マルガレータ亡き後は、カールの妹マリアが総督となった。マリアは、ハンガリー王ラヨシュ２世に嫁いでいたが、ラヨシュがオスマントルコとの戦争で死亡したため、未亡人となっていた。

欧州から新大陸に至る広大な領地を所有することになったカール（神聖ローマ皇帝カール5世、スペイン王カルロス1世）は、フランスとの戦争やイタリア遠征などの戦費をネーデルラントに求めたために、１５４０年、生まれ故郷のゲントで暴動が起こった。スペインからフランドルへ戻ったカールは、暴動首某者の首をはね、他のものも縄をかけて追放した。

長年に亘って広大な国土を巧みに治めてきたカールだが、晩年になると、ドイツ国内のルターによる宗教問題への対応に苦慮し、また、持病の通風と疲労困憊により、神聖ローマ皇帝の地位を弟フェルディナントに、スペイン王位を息子のフェリペ（2世）に譲って、1555年にブリュッセルにて退位した。

ネーデルラントは、スペイン王フェリペ2世が統治することになった。

フェリペは、ネーデルラントにおける新教（プロテスタント）を厳しく取り締まった。

ネーデルラント生まれのカールとは異なり、スペイン生まれでスペイン語しか話せないフェリペは、敬虔なカトリック信者で、あまりネーデルラントを訪れることもなかったため、人気がなかった。


（オランダ独立（16、17世紀））


ドイツ、ライン地方の貴族であったナッサウ家の一派が、14、15世紀、ネーデルラントにも進出してナッサウ＝ブレダ伯としてネーデルラントで勢力を広げた。

1544年、ブレダ伯の従兄の死により、11歳のウィレムが、ネーデルラントの領地と母方の南仏オランジュ公領も相続して、オラニエ公ウィレム1世となった（オラニエはオランジュのオランダ語、英語ではオレンジ）。ウィレムの家系を「オラニエ＝ナッサウ家」という。

ちなみに、オランジュは、南仏プロヴァンスにある古代ローマ帝国時代からの街である。小さな街だが、1163年には公国になっている。

ウィレムは、少年時代をカール5世の侍従として過ごし、カールの妹でネーデルラント総督でもあったマリアから貴族としての教育を受けた。

ネーデルラントの商工業者の間には、カルヴァン派プロテスタントが広がりつつあった。それに対して、熱心なカトリック教徒であったフェリペ２世は、ネーデルラントでも異端審問を開始し、プロテスタントを厳しく弾圧した。また、フランスとの戦争費用を捻出するためにネーデルラントに対する課税を強化した。

これらの政策に反発して、１５６６年、フランドルで反カトリック暴動が起こり、ネーデルラントの各地へ広まっていった。

１５６７年、フェリペ２世は反乱を収めるために、スペインから将軍アルバ公と１万の軍隊を派遣。アルバ公は、ネーデルラントの貴族を、暴動の責任を取らせて処刑した。オラニエ公ウィレムは、ドイツに逃れたが、領地の多くを没収された。

総督に就任したアルバ公は、徹底的にプロテスタントを取り締まったため、多くのプロテスタント商工業者が、ネーデルラントの北部（現在のオランダ）に逃れていった。

１５６８年、ドイツに逃れていたオラニエ公ウィレムは、反乱軍を率いて、スペインへの反撃を開始した。オランダ独立戦争の始まりである。この独立戦争は、八十年戦争とも言われるが、それは、１５６８年から１６４８年にオランダの独立が正式に承認されるまで、80年かかったからである。

ウィレム１世がホラント州とゼーラント州を実効支配し始めると、多くのプロテスタントがこれらの州に逃げ込み、政治の実権をプロテスタントが握るようになった。

１５７９年には、ネーデルラント17州のうちの北部の７州（フリースラント、ホラント、ヘルダーラント、フローニンゲン、オーヴァーアイセル、ユトレヒト、ゼーラント）が参加して、「ユトレヒト同盟」を結成。１５８１年には、スペインの統治権を否認する決議を布告した。オラニエ公ウィレム１世はユトレヒト同盟軍と共に、スペイン軍によって占領された都市を一つ一つ奪い返していったが、１５８４年にウィレムはデルフトで暗殺されてしまう。しかし、その後、息子のマウリッツが賛同する各州の総督となって戦いの指揮をとった。

現在ベルギーのアントワープも、ユトレヒト同盟に参加していたが、スペイン軍の攻勢に耐え切れず、１５８５年8月に降伏して、市を支配していたプロテスタントはすべて退去し、アムステルダムなどの北部の都市に逃れていった。


１５９６年には、イギリスとフランスが、ネーデルラント北部を独立国家として認め、事実上、ネーデルラント連邦共和国（オランダ）が成立することになった。

１６０２年には、東インド会社を設立してアジアに進出し、ポルトガルから東南アジアの香辛料貿易の権益を奪って、オランダは世界貿易の覇権を握ることになる。

スペインとの戦いは、１６０９年から12年間休戦するが、１６２１年に再開された。しかし、再開後の戦いは、ヨーロッパ中が巻き込まれた三十年戦争と重なり、さらに、主な戦場がドイツ（神聖ローマ帝国）国内に移ったため、オランダは逆に物資の供給地となって経済的に繁栄した。

１６４８年、ウェストファリア条約によって、ネーデルラント北部の独立が認められる。これによって、正式にオランダは独立した。

17世紀はオランダ黄金の時代と言われるが、17世紀後半になると、オランダは世界交易の覇権をかけて何度かイギリスと戦う（英蘭戦争）が、すべて負けてしまう。


（フランスの侵略）

オランダの独立後もネーデルラント南部（主に現在のベルギー）は、スペインの支配下にとどまっていた。

１６６７年、スペイン王フェリペ４世が死ぬと、太陽王と言われたフランスのルイ14世は、スペインの王位継承権を主張して戦争を仕掛け、スペイン領ネーデルラントに侵入した（ネーデルラント継承戦争）。

これに脅威を感じたオランダは、イギリスやスウェーデンと同盟を結んで対抗。最終的にルイ14世が手に入れたのは、ネーデルラント南端のリール周辺だけであった。

ネーデルラント領有の目論見を妨げられ、オランダに恨みを抱いていたルイ14世は、今度は陰でイギリス（チャールズ２世）と密約を結び、スウェーデンとも同盟を結んで、１６７２年オランダへの侵略を開始した（オランダ侵略戦争）。

オランダに侵入したフランス軍は、１６７３年にはユトレヒト州まで占領する。共和国政府の対応では歯が立たないとみたオランダ国民は、マウリッツの孫のウィレム（３世）をオランダ総督に選出し、ウィレム３世に全権を委任した。ウィレム３世は、ライン周辺のドイツ諸侯を味方につけてフランスに反撃。１６７４年にはイギリスも手を引いたので、フランス軍をオランダから追い出すことに成功した。

また、１６７７年、ウィレム３世はイギリス王チャールズ２世の弟ジェームズ２世（次代国王）の娘のメアリーと結婚した。そして、１６８８年、イギリス王ジェームズ２世（カトリック）の政策に反発する英国議会（プロテスタント）の要請を受けたウィレム３世はオランダ軍を率いてイギリスに上陸し、クーデターに成功する。ジェームズ２世はフランスに亡命し、オランダ総督ウィレム３世は、妻のメアリー２世とともにイギリス王ウィリアム３世となった（名誉革命）。

１７００年にスペイン王カルロス２世が子孫を残さずに死亡し、スペイン・ハプスブルク家は途絶えた。スペイン王位を継ぐことになったのが、フランス・ブルボン家のフィリップで、スペイン王フェリペ５世となった。

フランスの支配拡大を恐れたイギリスのウィリアム３世はオランダ、オーストリアと反フランス同盟を結成して、スペイン継承戦争が始まった（１７０１年～１７１３年）。

同盟軍有利で戦況は進んだが、ウィリアム３世の死亡とイギリスの政権交代により、１７１３年には、イギリスとフランスはユトレヒト条約を締結して戦争を終結した。

イギリスは、フェリペ5世のスペイン王位を認める代わりに、スペインのジブラルタルやフランスが北米大陸に持つ領土の多くを手に入れた。

また、1714年に、オーストリアもフランスとの戦争を終結させる。

それによって、南ネーデルラント（ベルギー、ルクセンブルク）は、オーストリア領となり、ハプスブルク家のカール6世、その後は娘のマリア・テレジアの支配下に置かれた。

その後、オーストリアの支配が彼女の孫の代まで続いた。

やがて、ベルギーは、オーストリア支配からの独立を求めるようになった。

ベルギーの住民は、フランス革命の始まった1789年に、軍隊（義勇軍）をつくって、オーストリア軍を破った。ところが、1794年には、革命後のフランス軍によってベルギーは占領されてしまい、フランスに併合された。オランダもフランスに占領され、ネーデルラント共和国は崩壊して、フランスの衛星国、バタヴィア共和国ができた。さらに、続くナポレオン時代には、ナポレオンの弟ルイ・ボナパルトを国王とするホラント王国となる。

1815年、ナポレオンの失脚後のウィーン会議で、オランダ（元のネーデルラント連邦共和国）とベルギー、ルクセンブルクを合わせて、オランダ王国（ネーデルラント連合王国）がつくられ、国王には、代々オランダ総督をつとめてきたオラニエ・ナッサウ家のウィレム（オランダ国王ウィレム1世）が就任した。

（ベルギー王国誕生）

オランダ王国は、ベルギーを含む全ネーデルラント全体を一つの国家に統合しようとしたが、1579年以来分離したまま、宗教（カトリック）や言葉（主流はフランス語）も異なるネーデルラント南部では、オランダ国王ウィレム1世に対する反発も激しくなり、1830年にブリュッセルで反オランダ暴動が起こり全国に拡大。10月には、ベルギーのオランダからの独立が宣言された。ベルギーは、ドイツのザクセン・コーブルク・ゴータ公レオポルトを、ベルギー王国の国王レオポルト1世として迎え、ベルギー王国が誕生した。

そのとき、ルクセンブルクの西半分はベルギーに編入され、残りは、ルクセンブルク大公国となって、オランダ国王ウィレム1世がルクセンブルク大公を兼任した。

その後のルクセンブルクについては、ルクセンブルクの章で説明する。

ブルージュ歴史地区

ベルギー

この章で紹介する世界遺産

・ブリュッセルのグランプラス（1998年）
・ベルギーとフランスの鐘楼群（1999年、2005年拡張）
・アントワープのプランタン・モレトゥスの家屋、工房、博物館複合体（2005年）
・フランドル地方のベギン会修道院群（1998年）
・ブルージュ歴史地区（2000年）
・トゥルネーのノートルダム大聖堂（2000年）

ブリュッセル市街図

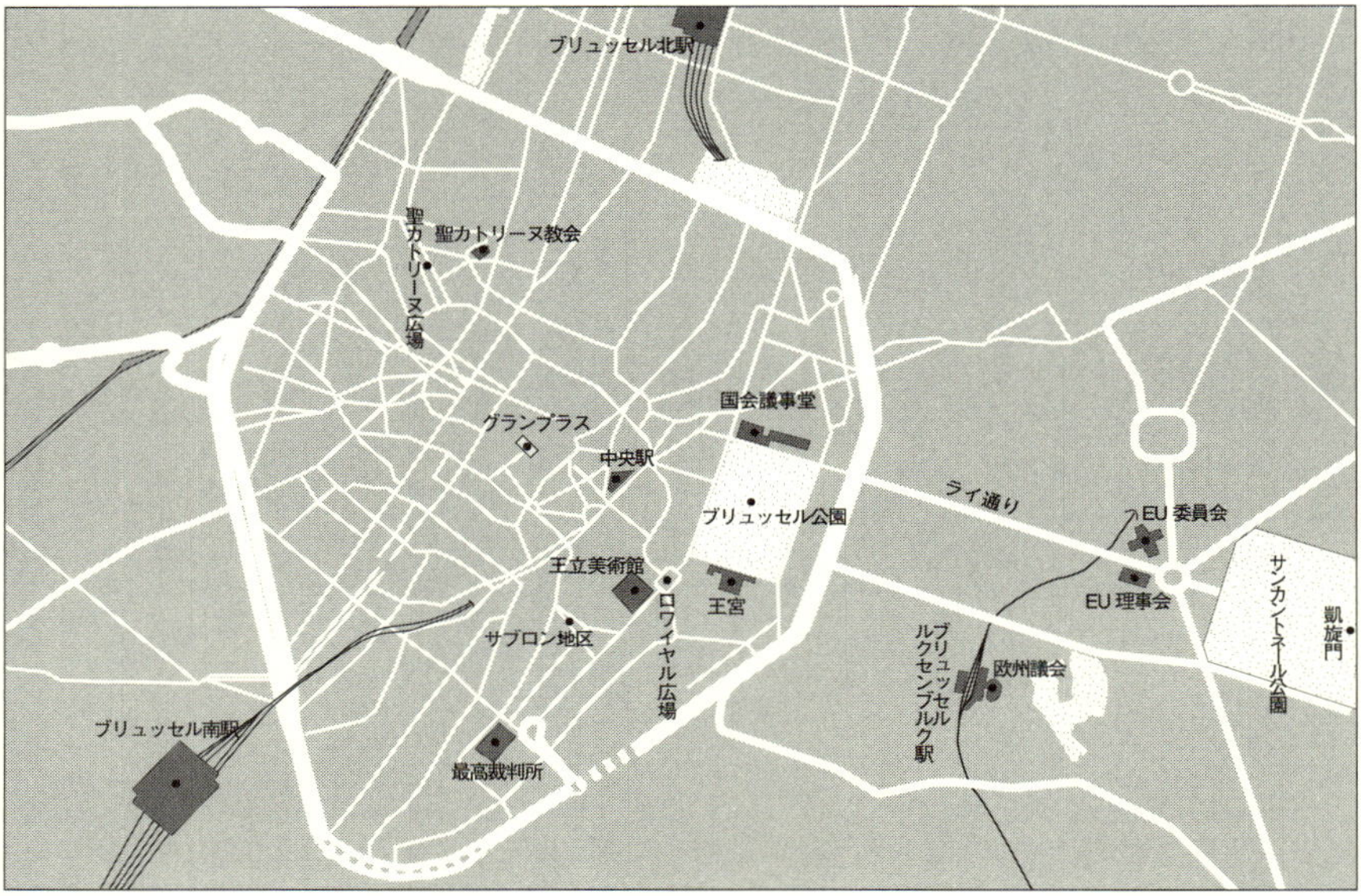

グランプラス周辺

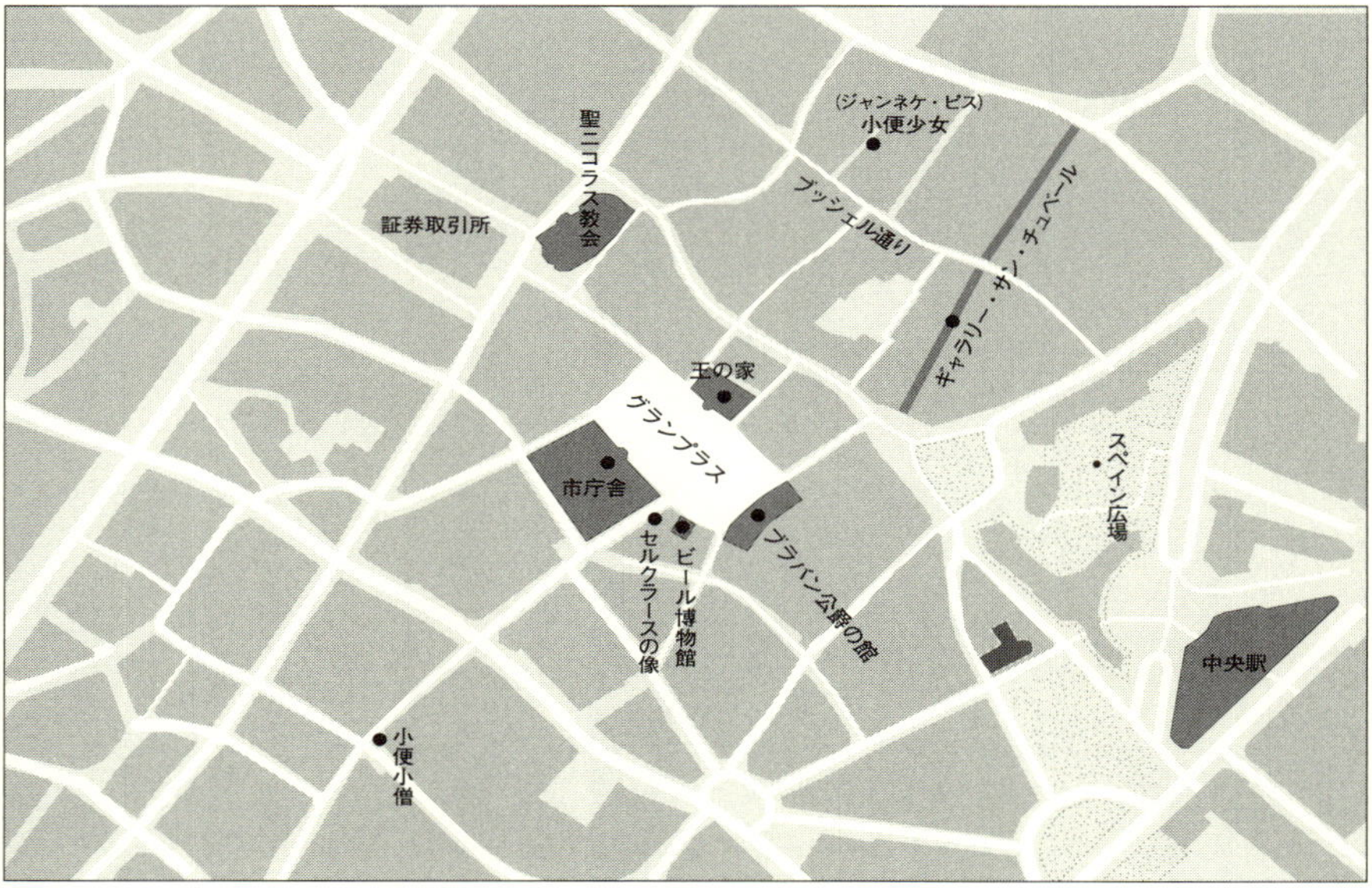

ロッテルダム方面からバスで高速道路を南下すると、オランダとベルギーの国境に差しかかる。国境といってもパスポート検査や税関などがあるわけではないので、いつ国境を越えたのかわからない。道路脇に、ベルギーまであと何百メートルと書かれた標識と、国境を越えたところにベルギーと書かれたEUの青い標識があるだけだ。注意していないと見逃してしまう。

今回もそうだが、一般的にオランダからベルギーに入るツアーでは、まず、アントワープを観光して他のベルギーの都市に向かうことが多い。ただ本書では、ベルギー全体のことを最初に説明したいので、首都であるブリュッセルから案内する。

ブリュッセル

ブリュッセルは、見所が集中しているので、街の中心のみの観光なら徒歩観光となる。

到着後、まず昼食となった。中央駅の隣にある駐車場でバスを降り、グランプラス近くのレストランまで10分くらい歩き、ムール貝の昼食の後、日本人ガイドと合流してそのまま徒歩での観光となった。

ベルギーは、食事がおいしいことでも定評がある。ムール貝の白ワイン蒸しや牛肉のビール煮込み(カルボナード)、チコリのグラタン、ワーテルゾーイなどのベルギー料理が楽しめる。

また、ビールの種類も豊富で、ビールが楽しみでベルギーを訪れる人も少なくない。修道院ビールやトラピストビールなどの他、サクランボのビールやイチゴのビールなどもある。

トラピストビールは、今でもトラピスト会修道院で修道士によって造られており、醸造所はベルギーに6か所ある。収益が多いときには寄付にも回される。修道院ビールはトラピストビールとは違う。かつては修道院で造られていたが、19世紀のナポレオン時代に廃止され、後にビール会社がそのレシピを基に造ったのが修道院ビールといわれるものである。

チョコレートやベルギー・ワッフルも有名だ。

ブリュッセル・ワッフルは、レストランのデザートにも出てくる長方形で外側がパリッとしていて中が少しやわらかいもの。屋台などで売っている丸っこいようなひし形のワッフルは、リエージュ・ワッフルである。通常はそのまま食べるが、観光地では、ホイップクリームやイチゴを乗せたものが多く売られている。

グランプラスと市庁舎

駐車場からグランプラスへ行く途中に、スペイン広場があり、ドンキホーテとサンチョパンサの像がある。広場の端の方には、ハンガリーの作曲家バルトークの像もある。

グランプラス、左の建物は市庁舎、右は王の家

「グランプラス（Grand Place）」は、ヴィクトル・ユゴーが「世界で最も美しい広場」と称賛したところである。グランプラスは、１９９８年に世界遺産に登録されている。

周囲には、ゴシック様式の市庁舎、現在博物館として使われている「王の家」といわれる建物や、ギルドハウスによってかこまれている。これらの建物は、現在では、レストランや商店となっているところがほとんどで、ベルギーの土産物として人気のチョコレート店もたくさんある。

日本人観光客も多いので日本語のメニューを置いているレストランもある。食事の含まれていないツアーでも安心である。

グランプラスでは、２年に一度、８月に「花のカーペット祭り」が開催され、広場は24メートル×77メートル（１８４８平方メートル）の広さの花のじゅうたんが敷きつめられる。

期間中は、市庁舎のバルコニーに上って、上から見ることもできる。

「グランプラス」は、フランス語で「大きい広場」と言う意味で、大きさは68メートル×１１０メートル、面積は７４８０平方メートルある。オランダ語では「グローテ・マルクト（Grote Markt）」と

市庁舎

言う。直訳すると「大きい市場」という意味で、その名のとおり、広場では現在でも花市が開かれている。中世から1959年11月9日までは、大マーケットとして使われていた。

広場の西側に面して建つ市庁舎（Hôtel de Ville）は、15世紀に建てられた。

「この市庁舎は、中心から左と右では、建物の装飾が異なります。向かって左手の部分が一番古く、1402年に着工されました。その後、建て増しされました。右側の部分は、1444年に建設が始まり、最初の石が置かれた（定礎式）のは、ブルゴーニュ公であったシャルルでした。真ん中の塔は、その後、1449年に建てられました。塔の高さは96メートルあり、塔の上には、町の守護聖人である『聖ミカエル』の像が立っています。市庁舎は、実際には区役所として使われているので、区庁舎と呼んだ方がいいかもしれません。結婚の間があり、結婚式がよく行われます。こちらは土曜日の結婚式が多いです。結婚式の写真は、建物の中でなく、町のあちこちの屋外で撮りますので、冬の寒いときにはあまり結婚式は行われません」

聖ミカエルの像は、下から見ると小さく見えるが、3メートルを超える高さがある。

市庁舎内の見学は、週に3回、ガイド付きの予約見学のみ行われ、通常、中には入れない。

ブリュッセルの街の始まりは、979年に低地ロレーヌ（ロートリンゲン）公のシャルルが、センヌ川の小島に要塞を造ったのが始まりである。河川を利用した交易の場として立地条件が良かったため、多くの人が集まり、11世紀の終わり頃には、野外市場が造られた。市場は、ブリュッセルの商業と共に発展した。しかし、運河が利用されるようになると、センヌ川は下水路となってしまった。また、洪水の度に河川が汚れていった。

13世紀の初め、グランプラスの北の角に、屋内市場が3軒建てられた。肉屋とパン屋と布屋で、現在、ブラバン公爵の館（Maison des Ducs de Brabant）といわれている建物の場所である。これらの建物は、ブラバント公爵（フランス語ではブラバン）のものであった。公爵は、税金を集めるために、保管の道を確保することと、商品を売ることを許した。また、当時は、木や石で造られた建物がグランプラスを囲んでいた。

14世紀からは、地元の商人や貿易商人たちが貴族と結び付き、グランプラスは、改築、改造され始めた。資金が足りないときは、地元の権力者に委ねられた。

ブリュッセル市は、周辺のメッヘレンやルーヴェンなどの街と共に、この広場の南側に大きな屋内の布市場を建設した。このときはまだ、広場の建物の配列はデタラメであったが、その後、１４０２年から１４５５年にかけて、市庁舎が建てられた。

ブラバント公爵は、市の力に対抗意識を燃やし、この市庁舎の向かいに、１５０４年から１５３６年にかけて大きな建物を建てさせて、公爵の力を

王の家

見せつけた。建てたのは、既に使われなくなっていた布とパンの市場のあったところである。「その後、カール5世の時代に建て替えられたので「王の家」と呼んでいます。しかし、王が住んだことは一度もありません。フランス語では、『王の家（Maison du Roi）』と呼んでいますが、オランダ語では、『パンの家（Broodhuis）』と今でも呼んでいます」

その後、市場の商人達はギルド（同業組合）を作り、力のあるギルドや裕福な商人たちが、広場の回りに家を建てた。

「パン屋、肉屋など、なんでも親方はギルドハウス（同業者組合）に入りました。ブラバン公爵の館といわれる建物の中に、ギルドハウスが一緒に入っていました。ギルドは、ナポレオンによって廃止されました」

広場の南側に面した、正面に歴代のブラバント公爵の像が飾られている建物が「ブラバン公爵の館」である。ブラバン侯爵の館と市庁舎の間に、5つの建物が並んでいるが、その中心がビール製造業者のギルドだったところで、地下には「ビール博物館（Maison des Brasseurs）」がある。

1695年8月13日、ルイ14世時代、ヴィルロワ元帥に率いられた7万のフランス軍が、南ベルギーのナムールからブリュッセルに侵入してきた。そして、これまでの家屋を破壊した。木造だったのでほとんどが焼け落ち

ブラバン公爵の館

た。

市庁舎は石造りだったので火災に耐えた。市庁舎以外の建物は4年で再建された。

さらに、18世紀に起こったフランス革命では、グランプラスの貴族の像やキリストのシンボルが破壊された。

19世紀に当時の市長シャルル・ブルスが、さびれかけていた広場をきれいに修復させた。

小便小僧

「ではこれから、ブリュッセルのアイドル小便小僧くんを見に行きましょう」

市庁舎から小便小僧の像へと行く道（市庁舎のすぐ近く）に、セルクラースの像（Everard t'Serclaes）がある。

「このブロンズ像はセルクラースといって、14世紀の議会の議長でした。ブルージュの街を当時の敵軍であったルーヴァンから守った人です。しかし、暗殺されてしまいました。この像の右腕に触ると幸運が訪れるといわれています」

ツアーに参加している女性たちが、早速、触り始めた。

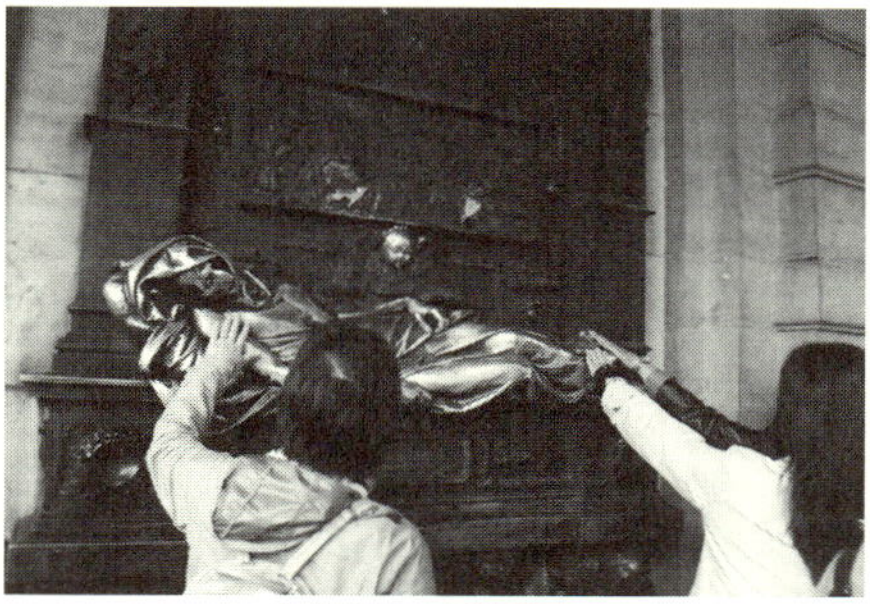

セルクラースの像

セルクラースの像をまっすぐ進むと、２ブロック先の角に「小便小僧（Manneken Pis）」がある。小便小僧のオリジナルは１３８８年に作られたが何度も盗まれている。現在の像のオリジナルは１６１９年にデュケノワによって作られたが、１９６０年代に盗まれ、そのレプリカが設置されている。

ブロンズ像で身長は61センチ。初めて見た人は、みんな「小さい」という。とてもかわいいが、そろそろ４００歳を迎える。

裸の時もあるが、彼は衣装持ちで何百枚という衣装が王の家の博物館に保存されている。時々、どこかの国の衣装を着けていることもある。日本からプレゼントされた衣装も持っている。

「像は取り外すことができないので、服を着せる作業は大変です」

祭りのときには、「水」の代わりに「ビール」が出ることもある。

小便小僧の謂れについてはいろんな説があるが、「ブリュッセルを包囲した敵が城壁を爆破しようと火薬の導火線に火を点けたとき、少年がおしっこをかけて消し、ブリュッセルを救った」という説が有名である。

小便小僧

ギャラリー・サン・チュベール

ギャラリー・サン・チュベールと小便少女

高級ブティックやチョコレート店、アンティークの店などが並ぶ「ギャラリー・サン・チュベール」は、1847年に完成した、とてもおしゃれなアーケードである。

ここを通り抜けると、食べ物横丁といわれるブッシェル通りがある。ここは、外国人経営の飲食店が多い。

その一角に、「ジャンネケ・ピス（小便少女）」がある。

「これは、小便小僧くんに対抗して1985年に造られましたが、ガンとエイズ撲滅を目的として1987年にここに設置されました」

デニス・アドリアン・ドゥボヴリーによって造られた。

大人気の小便小僧と違って、狭い路地の奥に鉄格子で囲われ、厳重に鍵がかけられている。格子の隙間から覗かなくては見えないので、少しかわいそうである。

この後、ガイドと一緒にグランプラスにほど近いホテルまで行き、その

小便少女（ジャンネケ・ピス）

ままフリータイムとなった。

サブロン地区

ブリュッセルでのフリータイムは短いことが多いが、今回のようにフリータイムがたっぷりあるツアーなら、グランプラスから南に歩いて15分くらいのところにあるサブロン地区がおすすめである。

「グラン・サブロン広場」は、カフェやレストランが並ぶ賑やかな広場で、アンティークショップやアート・ギャラリー、チョコレート店も集まっている。広場の中央には、１７５１年に造られたミネルヴァの噴水がある。

広場の南には「ノートルダム・デュ・サブロン教会」がある。１４００年に建設が始まり、１５０年近くかけて建てられた、ゴシック・フランボワイヤン様式の建物で、内部はステンドグラスが美しい。

ノートルダム・デュ・サブロン教会

教会の裏側にある「プチ・サブロン広場」は柵で囲われ、ギルドを表す48のブロンズ像がのった円柱が周りに立っている。

王立美術館

中央駅から南側には、王立美術館や図書館、ロワイヤル広場一帯があり、近くには王宮もある。王宮前のブリュッセル公園の向こう側には、国会議事堂がある。

王立美術館は、今回のようなベネルクス3国周遊ツアーでは、コースに入っていないことが多いが、絵画好きの人ならフリータイムに訪ねてほしい。ブリューゲル、ルーベンス、メムリンク、ボッシュ、ファン・デル・ウェイデン他、フランドル絵画の宝庫である。

中でも、ピーテル・ブリューゲル（Pieter Bruegel）の「ベツレヘムの人口調査」、「反逆天使たちの失墜」（大天使ミカエルと悪の天使たちとの戦いの図）、「イカロスの墜落のある風景」（海中に落ちたイカロスの最後）、ルーベンスの「聖女ウルスラの殉教」「聖ベネディクトゥスの奇跡」、メムリンクの「聖セバスチャンの殉教」、ヨルダーンスの「スザンナと長老たち」などは見ておきたい。

ゴッホやルーベンスと違って、ブリューゲルは手紙や自画像が残されておらず、文献もあまりない。そのため、彼がいつどこで生まれたのか、はっきりわからない。1569年に40歳前後で亡くなったことだけはわかっている。ファンダイクとルーベンスの間の時代である。

ブリューゲル「ベツレヘムの人口調査」

2人の息子も画家になっている。一般にブリューゲルというと、父「ピーテル・ブリューゲル」を指すことが多い。同名の長男ピーテル・ブリューゲルは、父の作品を数多く模写したことで知られ、この美術館でも見られる。

ピーテル・ブリューゲル（父）は、油彩画のほかに、銅版画も多く残している。アントワープ、ブリュッセルに暮らした。

他にも、ロベール・カンパンの「受胎告知」や、ディルク・ボウツの「皇帝オットーの裁判」の2枚の絵など、リアルだが興味深い絵も多い。

ツアーでブリュッセル観光の中に無理やり王立美術館を加えると、40分くらいの見学と20分ほどのフリータイム（トイレ、売店タイムなど）でとても慌ただしい。素晴らしい絵画がそろっているので、興味のある人なら、一時間のフリータイムでも足らないだろう。ゆっくり見学したい場合は、ブリュッセルでのフリータイムが半日以上あるツアーを選んでほしい。

解説が必要な場合は、館内の売店で売っている森耕治さんの日本語解説本が大変詳しい。

サンカントネール公園周辺

今回、バスで移動中にブリュッセルの東側を通るとき、バスの運転手が気を利かせてサンカントネール公園（Parc Cinquantenaire）の近くを通ってくれた。

国会議事堂からライ通り（Rue de la Lai）を東へまっすぐ行ったところで、この辺りには、ＥＵ本部、ＥＵ理事会などの建物があり、正面に大きな凱旋門が見える。

サンカントネール公園は、ベルギー独立（１８３０年）の50周年記念である１８８０年に開催された博覧会の会場だったところだ。公園内には、王立軍事歴史博物館や、サンカントネール博物館がある。凱旋門は、ベルギー王レオポルト２世により、１９０５年に建てられた。

聖カトリーヌ教会と朝市

ベネルクス３国のツアーではあまり来ないが、他のツアーでは立ち寄ることもあるので、聖カトリーヌ教会（Eglise Ste.Catherine）を紹介しておく。グランプラスから北西の方角である。

黒ずんだどっしりとしたゴシック様式の教会で、１８８７年に完成した。

それまでの教会を建て直したもので、ロマネスク、ゴシック、ルネッサンス様式が混合されている。教会の塔は、今でも鐘楼として使われている。

内部には、絵画のコレクションもある。入って左の側廊には、14世紀から15世紀に造られた「黒いマリア」の像がある。

教会の東の広場に、ビルに囲まれて建つ黒い屋根の塔は「黒い塔（La Tour Noire）」である。これは、12世紀にブリュッセルで最初にできた城壁跡だ。この塔の前の広場で、朝市が開かれることもある。

アントワープ（アントウェルペン）

アントワープは人口約50万、ベルギー第2の都市で、スヘルデ川を利用した交易で発展してきた。

オランダとの国境まで30キロのところにあるので、オランダから入るツアーでは、まずアントワープから観光する。本書では、先にブリュッセルを案内したが、実際のツアーではアントワープに入った。

「アントワープ（Antwerp）」というのは英語の呼び方で、現地の言葉（オランダ語）では「アントウェルペン（Antwerpen）」と言う。ただしここでは、日本で一般的なアントワープを使用する。

ステーン城（アントワープ到着）

アントワープの駐車場は、スヘルデ川のすぐ側にある。ここでバスを下車して、ガイドと一緒に徒歩での観光が始まった。アントワープでは、現地の英語を話すガイドが来て添乗員が通訳することが多いのだが、今回は日本人ガイドが来てくれた。

バスの駐車場から、川沿いに歩いて行くと、８４３年に建設された「ステーン城（Steen）」が見える。この城は、アントワープで最初にできた本格的な要塞だった。10世紀から16世紀まで要塞として使われていた。また、牢獄や刑場としても利用された。19世紀に建物の修復が行われ、海洋博物館として使われていた。

「2年前までは海洋博物館として使われていましたが、博物館は、別の場所に引っ越ししました」

ここから大聖堂までは歩いて10分くらいである。

ノートルダム（聖母）大聖堂

川沿いの道から街中に入ると目の前に、ノートルダム大聖堂の巨大な塔が見えてくる。

ノートルダム大聖堂

「ノートルダム大聖堂（O.L.Vrouwekathedraal）は、ネーデルラントで最も大きなゴシック様式の教会です」

通りを歩きながら見ても、手前の建物に覆いかぶさるように見えて、その大きさがよく分かる。

大聖堂の前まで来ると、ガイドが案内を始めた。

「このゴシック様式の大聖堂が建てられる前の9世紀から12世紀には、同じ場所に聖母マリア礼拝堂がありました。12世紀には、その礼拝堂の上に、ロマネスク様式の教会が建てられました。当時の建物は80×42メートルの大きさでした」

現在の建物は、1352年に建築が始まり、170年後の1521年に一応の完成をみた。

当初は、2つの同じ高さの尖塔を持つ聖堂が建てられる予定だったが、北塔だけが完成した。北塔の高さは123メートルで、ベネルクスでは一番高い。

南塔は途中までで、その後増築する予定だった。しかし、1533年10月に教会は火事にあい、大部分が焼けてしまった。そのために、南塔の建築が遅れてしまい、延期続きとなった。

1566年、オランダの独立戦争（80年戦争）前に、内部の大部分が、プロテスタントによって破壊された。1581年には、この聖堂はプロテスタントのものとなってしまった。そして、内部の多くのものが、再び破壊されたり、取り払われたり、売られたりした。ようやく修復されたのは、1585年の、カトリックによるアントワープ陥落の時であった。

このあたりの背景については、「ベネルクスの歴史」（オランダ独立）の頁を再度読んでほしい。

「１５８８年になってカトリックの教会に戻りました。１７９４年には、フランス軍が来て、またダメージを与え、１７９８年にはナポレオンが、これから見るルーベンスの２枚の絵をフランスに持っていってしまいました。ナポレオン失脚後の１８１６年にようやく絵は取り戻されました」

近年では、１９６５年と１９９３年に大掛かりな修復が行われている。

この時代の話は、「ベネルクスの歴史」の章で説明しているので、確認していただきたい。

大聖堂の前に、黒い石のベンチのようなものがある。

「これはベンチではなく、『フランダースの犬』の記念碑です」

「フランダースの犬」はアニメにもなって、日本では非常に有名だが、アントワープとその周辺が舞台である。しかし、この物語はベルギーではあまり知られていない。というのは、この物語を書いたのはベルギー人ではなく、１８７２年にイギリスの女流作家ヴィーダが書いたものだ。ヴィーダはよく外国を訪れ、他にもイタリアを舞台にした作品も書いている。彼女は犬が大好きで、また、絵画にも大変興味があって、「フランダースの犬」ではルーベンスのことがよく出てくるが、イタリアを舞台にした作品では、ラファエロが登場する物語もある。

「フランダースの犬」の記念碑

アントワープに来た日本人観光客が、観光案内所で、よく「フランダースの犬の舞台はどこですか？」と質問するので、案内所で働いていた市の職員が調べて、アントワープ郊外のホーボーケン村だということがわかった。物語にはホーボーケンという名は出てこないが、日本人のおかげで、ホーボーケンには、ネロとパトラッシュの像までできた。

「この記念碑は、2003年に日本から贈られました」

表面には、中央にネロとパトラッシュの絵が彫られており、その横に日本語で「この物語は悲しみの奥底から見出す事の出来る本当の希望と友情であり永遠に語り継がれる私達の宝物なのです」と書かれている。碑の手前の名盤には「GIFT VAN TOYOTA」と書かれているところを見ると、トヨタが寄贈したらしい。

日本人のおかげでベルギーでもようやくこの本が翻訳され、ガイドの話では、日本のアニメも放映されたようだ。しかし、ベルギー人は、この物語があまり好きではないようである。

フランダースの犬の物語の中で、ネロがミルクを売るために、パトラッシュと一緒にアントワープへ来たとき、必ずといっていいほどアントワープの大聖堂に立ち寄った。パトラッシュにはそれが気掛かりでしかたなかった。この大聖堂の中には、ネロがどうしても見たいと思っていた絵があったのだ。しかし、その絵は布で覆われていて、絵を見るには拝観料が必要だった。ネロは、日々の食べ物にも困るほど貧乏だったので、拝観料を払って絵を見ることは到底できなかった。

その、ネロがどうしても見たかった高額な料金を払わなければ見ることのできないルーベンスの絵というのが、これから見る「十字架に架けられるキリスト」と「十字架から降ろされるキリスト」である。どちらも三連祭壇画だ。現在の拝観料は４ユーロである。


大聖堂の内部は、窓にステンドグラスがはめ込まれていて美しい。

中に入ってガイドが案内を始めた。

「全部で55枚のステンドグラスがはめ込まれています。17世紀のバロック様式のパイプオルガンは、５７７０本のパイプがあります。下のオルガンは19世紀のブリュッセル製です」


「十字架に架けられるキリスト」（昇架）は、ルーベンスがイタリアへの修行から帰ってきて最初に描いたもので、１６１０年から１６１１年にかけて描かれた。そのため、イタリア画家たちの影響を非常に受けている。ルーベンスは、イタリアで、ミケランジェロやカラヴァッジョ、ティントレットなどのルネッサンスの時代の絵をたくさん見てきた。影響の一つは、14、15世紀までの絵にはなかった遠近法というものが、ルネッ

ルーベンス「十字架に架けられるキリスト」（昇架）

サンス時代のイタリア、ダヴィンチの頃に登場した。ミケランジェロも、奥行きを出すために、「短縮法」という画法を用いて描いている。

中央の絵のキリストが、対角線に斜めにまっすぐ描かれているのは、カラヴァッジョの「キリストの埋葬」と同じ描き方だと言われている。

「この絵には9人の死刑執行人が描かれています。筋肉隆々の男たちが、これまた筋肉隆々のキリストを十字架に引き上げる瞬間の、群衆たちの緊迫状況がよく描かれています。キリストと、それを架ける男たち、そして背景が、ルーベンス特有の多彩な色使いでダイナミックに描かれています。そして、イタリア語で『キアロスクーロ』という、光の明暗の対比により、物体の立体感を出す技法で、くっきりと大胆に描いています。ルーベンスの特色のひとつである斜めS字型に描かれています。これは、バロック様式時代の特徴でもあります。両端の2枚の絵、つまり扉の絵にもご注目ください。左側には、聖母マリア、ヨハネと、嘆き悲しむ女性たちと子供たちが描かれています。右側には、ローマ軍の兵士が2人を処刑にかけているところです」

「十字架から降ろされるキリスト」（降架）は、1611年に「火縄銃のギルド」という聖クリストバルを守護聖人とする宗教の団体に依頼され、1612年から1614年にかけて描かれました」

この絵も、イタリア画家の影響を受けているらしい。

この絵は、全部で9人の人物から成り立っており、「昇架」と異なり、女性が多く描かれている。

「ハシゴの上に立って二人の労働者がキリストの体を降ろしています。右の男は、白い布を歯でかんでつかんでいます。それを下で受け止めようとしている赤い服の男が、サロメの息子でイエス・キリストの使徒でもある聖ヨハネです。右足はバランスをとるために、ハシゴにかけています。背中が弓なりにそれているのは、キリストの全体重がのしかかっていて、それを支えているという様子を表しています。キリストの左右にいる男は、アリマタヤのヨゼフとユダヤ人学者ニコデモで、キリストの活動に好意的で、処刑後、埋葬のために香料を持参した人です。左側で青い服を着て立っているのが聖母マリアで、両腕がキリストの体の方へと伸びて触れかけています。その側には聖なる木が立っています。ひざまづいている女性はマリアの妹であるサロメです。聖ヨハネの母でもあります」

スカートのローブをたくしあげている女性である。

「最後に、キリストの足を持っている女性が、マグダラのマリアです。地面には、文字が書かれたものと銅盤が置かれています。いばらの冠と十字架のクギが、固まった血の上に落ちています。キリストの磔があったゴルゴタの丘から光が消えて行き、寂しく暗い空が、労働者の肩を照らす光と交差されています。絵には構図というものがあり、左右2人の男と、上下の2人の労働者の4人の頭をつな

ルーベンス「十字架から降ろされるキリスト」（降架）

ぐと四角い構図を作り、力強く描かれています」

この絵は、フランダースの犬のネロ少年が一番見たかった絵である。

「この左側の絵は、キリストを身ごもった聖母マリアが、洗礼者ヨハネの母エリザベトを訪問するシーンです。アリマタヤのヨセフも描かれています。右側は、エルサレムが舞台です。キリストの奉献が描かれています。預言者アナと、シメオン、そしてその隣には、当時のアントワープの市長ニコラスが描かれています」

この2枚の絵は、ナポレオンの支配時代、パリに持って行かれ、19世紀になってここへ戻ってきた。

もう一枚、ルーベンスの「聖母被昇天」もある。これは1626年に、ノートルダム大聖堂の祭壇画として描かれた。

「聖母マリアは死後、体ごと天へと昇っていったと言われています。このルーベンスの描く被昇天は、天使の聖歌が神々しい光のはじける中へとマリアの体を螺旋状に引き上げていっています。そして、絵の下部のマリアの墓の回りには、12使徒が集まって来ています。ここにも3人女性が描かれています。マグダラのマリアと聖母マリアの2人の妹だと言われています。ひざまづいている女性は、奇跡によって花を持って空っぽの柩を花で一杯にしています」

マルクト広場と市庁舎

大聖堂を出ると、横の商店の間の道を通ってマルクト広場に出る。

マルクト広場（Grote Markt）は、市庁舎やギルドハウスに囲まれている。

広場の中央には「ブラボーの噴水」がある。

「ブラボー（Brabo）は、古代ローマ時代の兵士の名前です。当時、アントワープを流れるスヘルデ川には巨人が住んでいたという伝説があります。その巨人は船から通航料を巻き上げていたので、ブラボーは巨人を倒してその手を切り取り、スヘルデ川に投げました。「手を投げる」ことをフランドル語で「ハント・ウェルペン」と言います。それがなまってアントウェルペンとなったのがこの街の名の由来となっています。アントワープのことをオランダ語では、アントウェルペンといいます」

そのため、市の紋章は、二本の手とステーン城となっている。

この地域をブラバントと呼んでいたのは、「ブラボー」が由来である。

市庁舎（Stadhuis）は、１５６１年から１５６４年にかけて建てられたルネッサンス様式の建物で、大聖堂よりはずっと新しい。

「市庁舎の塔の上に１５６４と金文字で書かれているのは、市庁舎が完

マルクト広場の中央の「ブラボーの噴水」、背後はギルドハウス

成した年です。16世紀の前半は、カール5世が支配するドイツ神聖ローマ帝国の支配下にあったので、ドイツの鷲が尖塔の上についています。鷲の目が向いている方向には、ドイツのアーヘンの町があります。ドイツ王の戴冠式が行われていたところです」

フランダースの犬では、ネロが絵画コンクールに出す絵をこの市庁舎に持ってくるシーンがある。

市庁舎と先ほど見たノートルダム大聖堂は、ユネスコの世界遺産「ベルギーとフランスの鐘楼群」に登録されている（1999年）。

市庁舎の右手には、ギルドハウスが並んでいる。全て16世紀のルネッサンス建築であるがオリジナルではなく、19世紀に再建されたものである。塔の上の像は、竜を退治する聖ゲオルクである。

「ギルドハウスは職人の組合のことですが、ここは市民兵の集会所でした。というのは、ヨーロッパは昔、王国や公国など都市国家の集まりだったので、自衛のために市民兵を組織していました。そのような兵士のための集会所として使われていました」

市庁舎

広場からそう遠くないところに、煉瓦造りの「肉屋のギルドハウス（Museum Vleeshuis）」が残されている。この建物は１５０３年の建設で、19世紀の中頃までは肉の取引が行われていた。現在は博物館となっており、楽器のコレクションなどが見られる。

アントワープで一番古い中世の城壁が、肉屋のギルドハウスの建物のところに一部残されている。

マルクト広場で少しフリータイムを取った後、次の観光場所である「ルーベンスの家」まで10分くらい歩いた。

ルーベンスの家

「ルーベンスの家（Rubenshuis）」といわれている建物は、１６１０年から１６１４年にかけて建てられたもので、ルーベンスが34歳の時から死ぬまでの29年間住んだところである。

ルーベンスは、１５７７年にドイツのジーゲンで生まれた。小さいときに父親が亡くなり、10歳のときに母と一緒に、父の故郷であるアントワープに移り住んだ。14歳のときから、姻戚の風景画家のアトリエで絵の勉強を始め、その後も別の師匠の手ほどきを受けた。１５９８年、21

「ルーベンスの家」の入り口

歳のときに、ルーベンスはアントワープの画家組合に親方として登録された。その2年後の１６００年に、イタリアへ旅だった。

当時のフランドル画家たちは、必ずといっていいほど、勉強のためにイタリアへ行った。イタリアといえば、15、16世紀はルネッサンス時代で、芸術面でも先進国であった。ヴェネチアではティツィアーノに触れ、ローマではミケランジェロやカラヴァッジョの芸術に触れ、ヴェロネーゼ、ティントレットの影響も受けた。マントヴァでは、マントヴァ公の宮廷画家にもなり、滞在中にスペインへも行った。しかし、母親の病気のため、１６０８年にアントワープへ戻った。

ルーベンスが生まれた時代のネーデルラントは、北と南に分かれ、歴史的にとても複雑であった。北はプロテスタントを求め、自由を求めて後に独立し、オランダとなった。南は今のベルギーであるが、カトリックに留まり、スペインに支配された。フランドルの毛織物工業は荒れて、アントワープの人口も激減するという時代であった。

しかし、ルーベンスがイタリアからアントワープへ戻って来た翌年の１６０９年から１６２１年までの12年間は休戦していた。アルブレヒト（アルベール）大公とイサベル大公妃の統治時代で、経済が復活、アントワープは商業の中心地となった。この時代には美術も繁栄し、ルーベンスは、アルブレヒト大公とイサベル大公妃の宮廷画家となった。

同年１６０９年、ルーベンスは32歳で、イザベラ・ブラントと結婚した。１６１１年にこの家を買ってイタリア風に改装し、収集した絵画を収めた。この邸宅は住居兼アトリエとなっている。

それから、先ほど大聖堂で見学した絵を描いた。その後は、1622年から1625年にかけて、パリのリュクサンブール宮殿のために「マリー・ド・メディチの生涯」を21面描いた。これは、パリのルーブル美術館で見ることができる。

1628年には、マドリードへ旅立ち、スペインの宮廷画家ベラスケスとも親交を持った。

17世紀のフランドル美術は、アントワープを中心に展開した。その代表がルーベンスであった。ネーデルラント北部（オランダ）はすでにプロテスタントであったので、教会堂に聖画像を置く習慣もなくなっていたが、南部（ベルギー）では、祭壇画が発注された。教会だけでなく、個人の家庭用の祭壇画もあった。宗教画は、礼拝の目的というよりも、個人のコレクションとして持つ人も多く、スペインにも大量に輸出された。そのため、今でもマドリードのプラド美術館で多くのフランドル画を見ることができる。

イザベラは1622年に亡くなるが、1630年に再婚する。ルーベンス53歳のときで、相手は、エレーヌ・フルマンというアントワープの富裕な市民の娘で、17歳だった。

それからルーベンスが亡くなるまでの10年間は、彼女と共に暮らした。彼女をモデルにした、ヴィーナスやマグダラのマリアも描かれた。

1640年5月30日、63歳のときアントワープで亡くなった。

「ルーベンスの家」の内側

邸宅は2つの建物が連結している。左側は住居で、右側にアトリエがある。混んでいるとき（人数の多いとき）は、中で説明しながらの見学ができない。一つ一つの部屋がとても小さい。小さな部屋をいくつか通って、一番奥にある大きな部屋は、美術品の収集室だったところである。階段で2階へ上がると、大寝室、小寝室がある。当時は座って寝る習慣があったので、ベッドも小さい。家族のためのリビングもある。

各部屋には、いろんな絵画が飾られているが、定期的に替えられるらしい。

右側はアトリエで、自画像や再婚した妻エレーヌ・フルマンの肖像画や家具がある。「このアトリエは、ルーベンスが弟子たちと共に、2500点の絵を制作した場所です」ここに展示されている絵も、毎年変わるらしい。ルーベンスの絵だけでなく、弟子が描いた絵もある。今回のツアーでは、「アダムとイブ」「受胎告知」「犬」「十字架のキリスト」「サン・セバスチャンの殉教」などのルーベンスの絵のほか、弟子が描いた「イサベル大公妃」「アルブレヒト大公」「市場へ向かう農婦」などがあった。

中庭に通じるバロックの玄関を見ると、個人の家というよりも、最初から美術館として建てられたか、お城を改造して美術館にしたようにも見えるが、これが、ルーベンスが住んでいた家なのである。

ところで、ルーベンスの墓は「聖ヤコブ教会」にある。教会内の「聖者たちに囲まれた聖母」の絵は、ルーベンスのもので、家族の肖像画でもある。聖ゲオルクがルーベンス自身、聖母マリアが最初の妻イサベラ・ブラント、マグダラのマリアがエレーヌ、聖人はルーベンスの父親を表している。

その後、川のそばのバス駐車場まで歩いて戻る途中、大聖堂のそばのフルン広場（Groenplaats）でトイレ休憩をとった。フルン広場の中央にはルーベンスの像がある。ノートルダム大聖堂の写真を撮るなら、この広場がいいだろう。ルーベンスの像を前にして大聖堂全体を撮ることができる。

フルン広場から見た大聖堂

中央駅から歩行者天国メール通り

アントワープでフリータイムのあるツアーは少ないが、もし少し時間があれば、中央駅や歩行者天国のメール通りも行ってみたい。

アントワープ中央駅は、国の重要文化財に指定されている大変立派な駅で、１８９５年から１９０５

年にかけて建設された、ネオバロック様式の駅である。ヨーロッパの駅は改札がないので、プラットフォームまで行くこともできる。

中央駅から伸びているドゥ・ケイゼル通り（De Keyserlei）を歩いていくと、歩行者天国であるメール通り（Meir）があり、たくさんの人で賑わっている。

ルーベンスの家もこの通りをひとつ南へ折れたWapper通りの9番地にある。

また、アントワープはダイヤモンドの街でもある。世界中のダイヤモンド原石の70％がアントワープで取引され、加工されている。中央駅近くに3軒のダイヤモンド取引所がある。

プランタン・モレトゥス博物館

別のツアーで一度訪れたことがあるので紹介するが、アントワープには、世界一古い印刷機のある「プランタン・モレトゥス博物館（Museum Plantin Moretus）」がある。

日本からの一般的なツアーでは、この博物館がコースに含まれていることはあまりないが、貴重な資料がたくさん展示されているので、もし、

プランタン・モレトゥス博物館

長めのフリータイムがあれば、来てみることをおすすめする。

ここは、プランタン家とモレトゥス家の活版印刷の仕事場および住居として、１５７６年にスペイン商人から買い取られたところである。

１６０５年、この場所で、ヨーロッパで初めての活版印刷の新聞が発行された。

１階には16世紀の世界最古の印刷機や印刷用の活字一式がある。２階には、２万５千冊以上の蔵書を誇る図書館がある。貴重な古文書類も保存されており、２００５年にはユネスコの世界遺産として登録された。

博物館のある広場は「金曜広場」と呼ばれており、金曜日に市が出る。主に、古い洋服や、家具などが売られる。

今回のアントワープのガイドは日本人だったので、「フランダースの犬」の話を詳しく説明してくれたが、現地のベルギー人ガイドの場合、フランダースの犬については、ノートルダム大聖堂の前の記念碑について少し案内するだけである。

ちなみに、「フランダース」という言い方は英語で、現地のフラマン語（オランダ語）では「フランデレン（Vlaanderen）」という。「フランドル」とも言うが、これはフランス語。また、「フラマン語」という場合の「フラマン」とは、「フランドルの人」とか、「フランドルの言葉」という意味で、こちらもフランス語である。

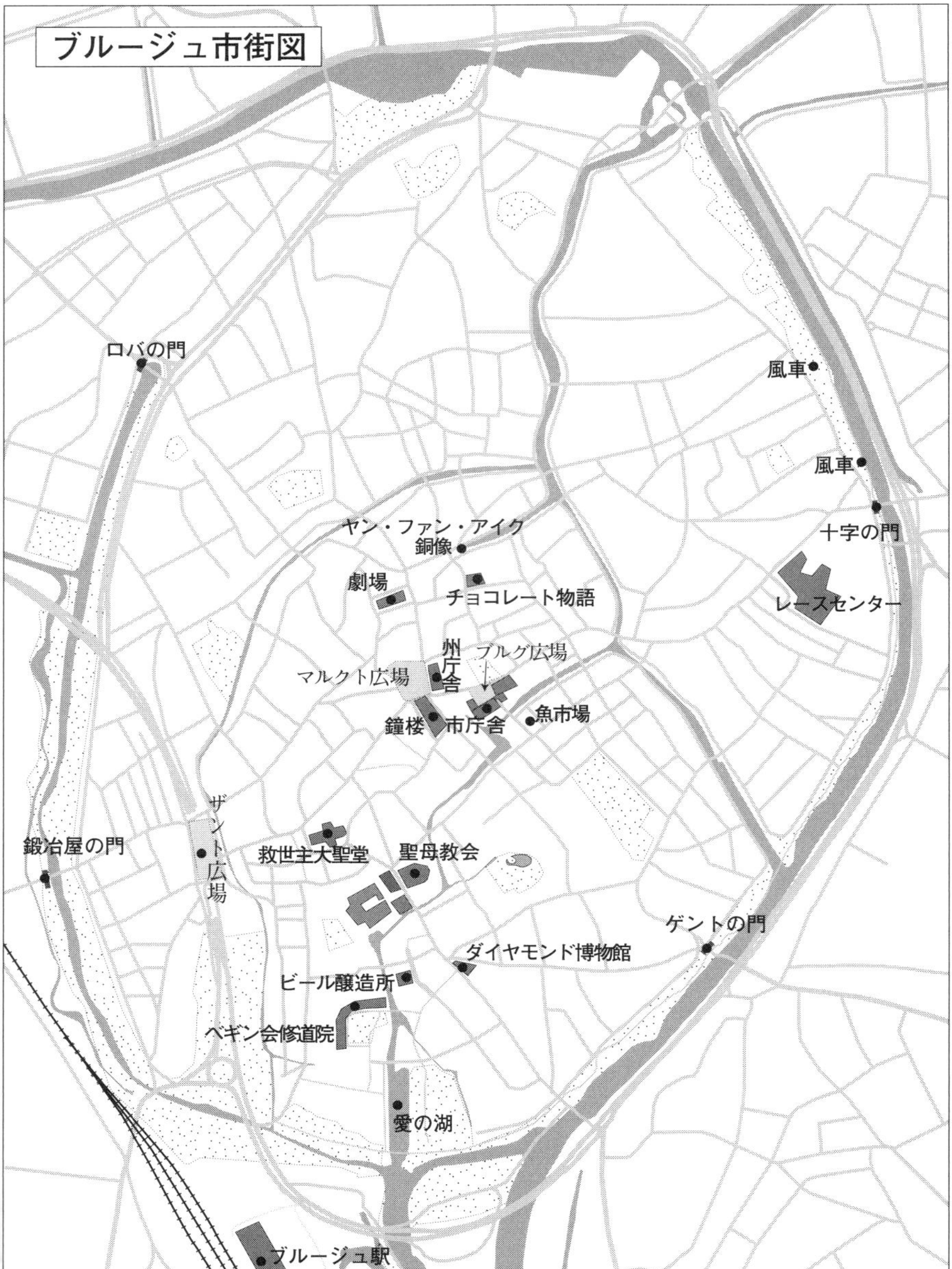
ブルージュ市街図
ロバの門
風車
風車
十字の門
ヤン・ファン・アイク
銅像
劇場
チョコレート物語
レースセンター
州
庁
舎
ブルグ広場
マルクト広場
鐘楼
市庁舎
魚市場
ザント広場
鍛冶屋の門
救世主大聖堂
聖母教会
ゲントの門
ダイヤモンド博物館
ビール醸造所
ベギン会修道院
愛の湖
ブルージュ駅

ブルージュ（ブルッへ）

ベルギー観光の目玉である「ブルージュ（Brugge）」は、アントワープから西に80キロ、北海に近い西フランドル州の州都である。

「brugge」とは英語の「bridge」と同じで「橋」を意味している。また、「ブルージュ」という呼び方はフランス語読みで、現地のフラマン語（オランダ語）では「ブルッへ」という。ここでは、日本で一般的なブルージュを使う。

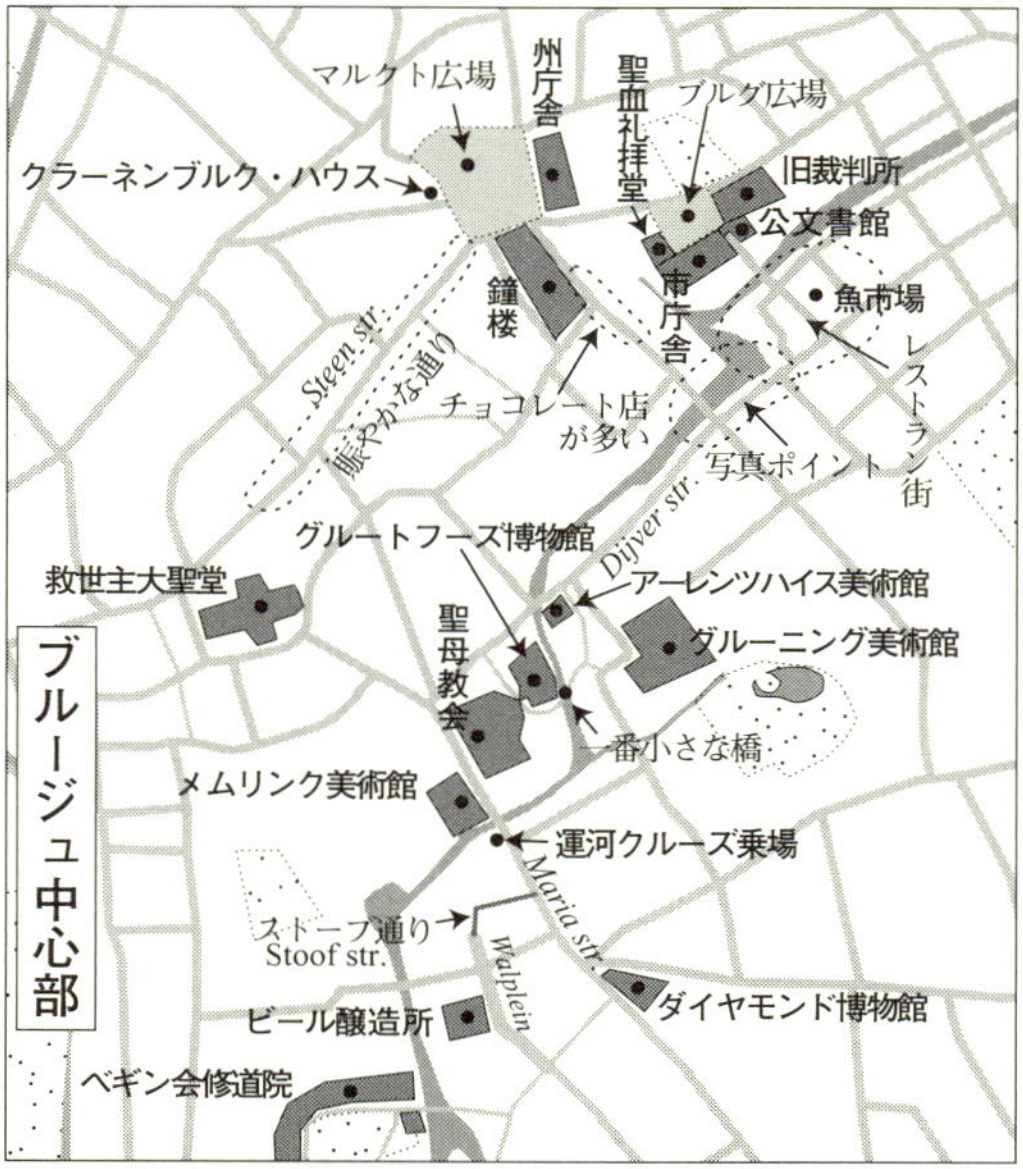

今回は、ザント広場のすぐ西側に面するＮＨブルージュでの宿泊だったので、朝、現地の日本人ガイドとホテルのロビーで待ち合わせて、徒歩での観光が始まった。

ホテルを出たところで、ガイドが案内を始めた。

「このホテルは、17世紀に修道院として利用された歴史のある建物です」

また、ホテルの前に、小さな白い長屋が見られる。

「これは、神の家、ゴッドハウスと呼ばれている建物で、お金持ちの人が建てて、貧しい一人暮らしの未亡人たちに無料で住まわせてあげたところです。現在でも使われていますが、中は狭いので、一人暮らしの女性が多く暮らしています。この神の家という長屋の建物は、ここだけでなく、ゲントなど他の町でも時々見かけます」

ホテルの左手のザント広場にある赤い建物はコンサートホールである。

ブルージュの繁栄と衰退

ブルージュは中世の面影を残す町で、運河で囲まれた楕円形の町である。運河沿いに城壁が張り巡らされていたが、オーストリアがネーデルラントを支配した18世紀の後半、皇帝ヨーゼフ2世の命により取り払われた。

城壁の城門は残っており、ホテルから一番近いところでは、中世の雰囲気を残す「鍛冶屋の門(Smedenpoort)」がある。東の方には、「十字の門(クロイス門)(Kruispoort)」があり、その北側には風車も見られる。

ブルージュで宿泊するツアーで、もし時間があれば、この辺りまで散歩してもいいだろう。遊歩道があるので、朝はジョギングしている人もいる。

赤く塗られた道は自転車道なので、歩かないように注意が必要だ。この点は、ベルギーだけでなく、オランダでも同じだ。自転車が猛スピードで走るので非常に危ない。

ベルギー北部のフランドル地方は、古くから毛織物産業が発展していた。13世紀のブルージュは、北欧のハンザ同盟やジェノバなどのイタリア諸都市から訪れた商人で賑わい、街には彼らの商館が建ち並んで、金融や貿易の一大拠点として栄えた。主要な交易品はフランドルの毛織物で、商品をボートに積んで運河を下り、北海に面したズウィン湾の港で大型船へ積み替えていた。そして、外国船から降ろした輸入品をボートに積んで、街中の市場へと運んだ。織物以外にも、ロシアの毛皮や琥珀、スペインのワイン、北欧の木材や魚類、オリエントと交易のあるヴェネチアからは香辛料なども運ばれた。

長い間、北海交易で繁栄したブルージュの街も、運河と港であるズウィン湾が北海から運ばれた土砂で埋まっていき、船の航行が困難になっていった。15世紀になると、商人たちはアントワープに移動してしまい、ブルージュは衰退した。

19世紀にフランドル出身の作家ローデンバックが、「死都ブルージュ」という本を発行。当時のイギリス人やフランス人の間で旅行がブームとなったころだった。ナポレオンが戦争で敗北したベルギーのワーテルローを訪れるついでにブルージュに立ち寄るようになり、観光の街としてスタートした。

街はすっかり寂れてしまっていたが、そのおかげで中世の街並みがそのまま残されていたのだ。

19世紀には、北海へつながる運河がつくり直され、美しい水の都として、再び、人々を惹きつける街になっていった。

愛の湖

ザント広場から南に歩いていくと、緑の木々が茂る公園に面した小さな湖へとやって来た。この辺りは、ブルージュの街の南端に位置している。

「はい、これが愛の湖です」

とガイドが言うと、ツアーの参加者がみんな笑った。

「愛の湖という名から、どんなところか想像されたかも知れませんが、ここは、地元の人が『ミンネワーター（Minnewater）』と呼んでいる、市民の憩いの公園となっているところです。ミンネ（minne）は、フラマン語で『愛』という意味です」

ガイドの説明を聞きながら、細長い湖に沿って歩く。

「この湖は、ブルージュが中世ヨーロッパの商業の中心だった時代の内港で、毎日１５０隻の船が出入りしていました。ブルージュは、運河を利用して商業の町として発展しましたが、北海から砂が絶

愛の湖

えず運ばれ、運河が砂で埋まってしまって、船が航行できなくなりました。そのため、商人たちはアントワープへ行ってしまい、ブルージュは廃れました」

湖の端に水門があり、その上にレンガ造りの建物がある。

「水門で仕切って湖にしました。水門の家は16世紀のものです。この湖は、レイエ川を切り開いて街を巡らせた運河の水を一定量に調整するための貯水池でした。湖から延びる運河は、50キロ南のゲントまでつながっています」

湖には白鳥がたくさんいる。

「ベネルクスの歴史」のブルゴーニュ公国時代のところで述べたが、ハプスブルクのマクシミリアンがブルゴーニュを統治することになったとき、代官ペーター・ランクハルスが処刑された。

「ランクハルスとは、長い首という意味です。その長首さんの家紋は白鳥でした。マクシミリアンは、ブルージュの人はこれから永遠に白鳥の世話をすること、と言って白鳥を放ちました」

水門の家

ベギン会院（ベギン会修道院）

愛の湖のすぐそばにある「ベギン会院（Begijnhof）」は、オードリー・ヘップバーン主演の映画「尼僧物語」のモデルにもなったところである。ブルージュだけでなく、全部で13カ所あり、世界遺産となっている。

ブルージュのベギン会院は、レンガ塀でほぼ円形に囲まれている。「11世紀に、ヨーロッパの男たちは、キリスト教の聖地エルサレムを目指して十字軍の遠征に行きました。そのとき、残された女たちは、自分たちで生活の保障をしなければならなくなり、生活を分かち合う場としてできたのがベギン会でした。ブルージュのベギン会は、後に、ベネディクト会に引き継がれ、中世の修道院生活と同じように、シスターが信仰と祈りの生活を送っています。ただ、ベギン会は、尼僧院ではないので、一生ここに留まる必要はありません。途中で立ち去ることもできるので、修道院と比べると、一般の生活に近く、家を買うこともできるのです」

初春には、庭に白と黄色の水仙が咲いていていてとても美しい。

ベギン会修道院

ベギン会院からワルプレイン（Walplein）という広場になっている通りを行くと、ダ・ハルヴ・マーン（Da Halve Maan）というビールの醸造所がある。これについては後述する。

その先の、ストーブ通り（Stoofstraat）という狭い通りを歩いた。

「この通りは、ストーブ通りと言って、かつて、お風呂があったところです。壁にその時の絵がありますが、ごらんのとおり、お風呂というよりも、風俗風呂のようなところでした」

左に曲がると、マリア通り（Mariastraat）である。この通りには、日本語の案内が流れる運河クルーズのボート乗り場があり、さらにその先に「聖母教会」、「メムリンク美術館」などが集中している。

運河巡り

今回のブルージュ観光には、運河クルーズが含まれていた。

30分くらいのクルーズであるが、歩いて観光するときには気付かない運河からの目線で見ることができておもしろい。

クルーズといってもボートである。小さな船なので、低い橋の下をくぐるときは、スリリングだ。

運河クルーズの乗り場は、街の中心部に5箇所あるが、聖母教会やメムリンク美術館近くのマリア通りにある乗り場から乗ると、日本語の案内がある。

運河クルーズ

聖母教会

運河巡りの船着き場のすぐ近くに高い塔が見えるのは、「聖母教会（O.L.Vrouwekerk）」である。

聖母教会は、13世紀から15世紀にかけて建てられた。レンガ造りの塔は１２２メートルあり、ブルージュ一の高さである。

ブルゴーニュ公領の時代には、シャルル（突進公）家の礼拝堂とされた。

教会内部には、ミケランジェロの「聖母子像」の彫像がある。１５０３年から１５０４年にかけて、イタリアの教会に奉納するために彫刻された。

この聖母子像はブルージュの豪商ヤン・ムスクロエンが１００枚の金貨で購入して、イタリアからブルージュに運んだ。これまでに二度盗難にあっているが、運よくどちらのときも無事に戻ってきた。

他に、ヤン・ファン・アイクの「十字架のキリスト」もある。

教会の中に入ったら、忘れずに見てほしいのだが、霊廟の手前の上の方に、後で行くグルートフーズ博物館の茶色い窓が垣間見えるはずだ。

ブルージュの聖母教会

教会に入るのは有料である。

内陣には、４代目ブルゴーニュ公シャルル・テメレール（突進公）と一人娘マリア女公の霊廟が並ぶように置かれている。

マリアの柩の中には、夫でハプスブルク家のマクシミリアンの心臓も安置されている。

マクシミリアンの墓はウィーンのノイシュタットにあり、また、空っぽの柩はインスブルックにもあるが、政略結婚でありながらマリアとはとても夫婦仲がよく、愛し合っていたので、心臓だけはマリアのそばにということでマリアの柩の中に安置された。

シャルル突進公とマリア女公の霊廟が並んで置かれている

教会を出て道路をはさんだ向かい側にある建物は、「メムリンク美術館(Memlingmuseum)」である。
「この建物は、もともと12世紀に建てられた聖ヨハネという病院でした。病院を改装して、美術館となりました。メムリンクというのは15世紀に活躍した画家の名前です。ドイツ人でしたが、ブルージュに住んで活躍しました。ブルージュの代表的な画家です。入口の右手には、僧院が残っています。この僧院は17世紀に造られたもので、薬局の役割を果たしていました」

ツアーでは内部見学をすることはないが、美術館にはメムリンクの代表的な作品が展示されているので、フリータイムに鑑賞するのもいいだろう。

聖母教会の裏側には、「グルートフーズ博物館（Gruuthusemuseum）」がある。上を見ると、渡り廊下で聖母教会とつながっている。

「グルートフーズは、大金持ちでしたので、家と聖母教会とは廊下でつながっています。教会の中にある自分の礼拝堂に、外に出ずに行けるようになっていました。家の上の方に、小さい窓がありますね。あれは、見張り用の窓です。グルートフーズは、この下の運河を船が通ると、通行税をとっていました。税金を取って大金持ちだったので、人から恨みをかって暗殺されないようにということで、外に出ずに教会へ行ったとも言われています」

その先の運河には、「ブルージュで一番小さい橋」である「ボニファティウス橋」がある。

その橋を渡ると、「アーレンツハイス美術館（Arentshuis）」がある。

アーレンツハイスの裏手には、「グルーニング美術館（Groeningemuseum）」がある。

ダイバー通りの橋の上から見た景色

この辺りには、美術館や博物館が集中しているので、フリータイムのときに訪ねてみてほしい。

そこから、ダイバー通り（Dijverstraat）というまっすぐな運河沿いの道に出ると、蚤の市が出ていることもある。

そのまままっすぐ進むと、写真の絶景ポイントがある。運河沿いに、聖母教会や鐘楼が見える。

この辺りは、魚市場の裏側に当たり、多くのレストランが並んでいる。Duc de Bourgogne というレストランの入口上に浮彫がある。

「ここは、元ギルドハウスだったところです。皮なめしのギルドでした。また、このすぐ近くには、魚屋のギルドハウスだったところもあり、入口上に魚の浮彫があります。今はお土産屋さんになっています」

ブルク広場

魚市場のそばにある橋を渡り、建物の下をくぐると広場に出る。

この広場は「ブルク広場（Burg）」である。

魚市場

「市庁舎壁面の彫像」の配置と説明

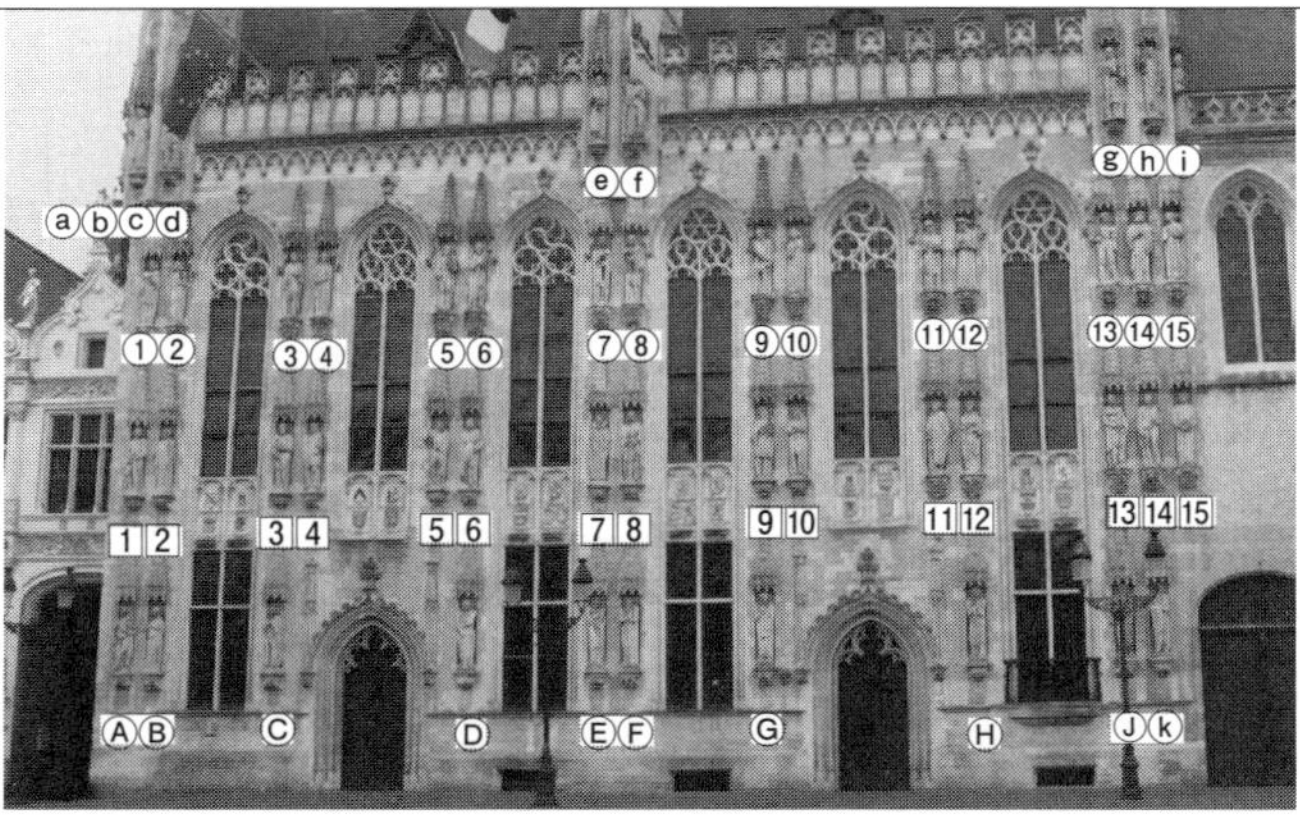

＜最上段＞

ⓐアダムとイブ

ⓑロベール１世（11 世紀のフランドル伯）

ⓒロベール２世（11,12 世紀のフランドル伯）

ⓓボードゥアン７世（12 世紀のフランドル伯）

ⓔシャルル１世（12 世紀のフランドル伯）

ⓕウィレム・クリート（12 世紀のフランドル伯）

ⓖティエリー伯（12 世紀のフランドル伯）

＊ⓗフィリップ１世（12 世紀のフランドル伯）
ゲントの「フランドル伯城」を建てた

ⓘマルグリット（12 世紀，フランドル女伯）

＜上から２段目＞

①ボードゥアン９世（12 世紀，フランドル伯）

②ジャンヌ（ボードゥアンの長女，フランドル女伯）

③フェラン（13 世紀，フランドル伯）

④マルグリット（13 世紀，フランドル女伯）

⑤ギー・ド・ダンピエール（13,14 世紀，フランドル伯）

⑥ロベール・ド・ベテューン（14 世紀，フランドル伯）

⑦ルイ・ド・ヌヴェール（14 世紀，フランドル伯）

⑧ルイ・ド・マール（14 世紀，フランドル伯）

＊⑨フィリップ・ル・アルディ（豪胆公，初代ブルゴーニュ公）

⑩マルグリット（フランドル女伯、豪胆公の公妃）

＊⑪ジャン・サン・プール（無怖公，2代目ブルゴーニュ公）

＊⑫フィリップ・ル・ボン（善良公，3代目ブルゴーニュ公）

＊⑬シャルル・ル・テメレール（突進公，4代目ブルゴーニュ公）

＊⑭マクシミリアン

＊⑮ブルゴーニュのマリア

＜最下段＞

Ⓐ聖母マリア（左手に赤ん坊のキリスト）

Ⓑ聖母マリア（左手に本）

Ⓒガブリエル

Ⓓボードゥアン１世（鉄腕公，9 世紀，フランドル伯）

Ⓔダビデ

Ⓕソロモン

Ⓖエレミヤ

Ⓗザカリア

Ⓙダニエル

Ⓚヨブ

＜下から２段目＞

＊1 フィリップ美公

＊2 マルガレータ大公女

＊3 カール５世

＊4 フェリペ2世（スペイン王）

5 フェリペ3世（スペイン王、２世の息子）

＊6 アルブレヒト（ネーデルラント総督，17 世紀）

＊7 イサベル（ネーデルラント総督）
アルブレヒトの妻フェリペ２世の娘

＊8 フェリペ4世（スペイン王）

9 カルロス２世（スペイン王）

＊10 フェリペ5世（スペイン王）

11 カール6世（オーストリア時代，18 世紀）

＊12 マリア・テレジア（オーストリア時代，18 世紀）

13 ヨーゼフ２世（オーストリア時代，18 世紀）

14 レオポルト２世（オーストリア時代，18 世紀）

15 フランツ２世（オーストリア時代，18 世紀）

（＊は、本書で紹介する人物）

ブルク広場には、ゴシック様式の市庁舎(Stadhuis)がある。この建物は、1376年から1400年にかけて建てられた。

正面の壁面にある人物像は、ブルージュやフランドルの歴史に関連する人たちで、大変興味深い。どの像が誰なのか、番号を振って示したので右頁を見てほしい。＊印をつけた名前の人物は、本書に登場する人たちだ。

市庁舎は内部見学もできる。2階にある「ゴシックの間」と呼ばれるところは、今でも会議や結婚式などに使われているところで、一度、結婚式を終えた家族が出てきたところに出くわした。

1階ホール壁には、かつて「ブルゴーニュのマリーの死」という絵があったがなくなっていた。受付で訊くと、売れてしまったらしい。

2階のゴシックの間の北から南面にかけて、ブルージュの歴史を表す壁画が並んでいるのも興味深い。

市庁舎の左隣の建物である「公文書館」は、市庁舎と連接しており、「自

カール5世の暖炉

左から「旧裁判所」「公文書館」「市庁舎」

由ブルージュ博物館（Brugse Vrije）」となっている（市庁舎とは共通チケット）。内部には「カール5世の暖炉」があり、その左上の壁面には、祖父母であるマクシミリアンとブルゴーニュのマリアの浮き彫りが、右上の壁面には、カールの母方の祖父母であるスペインのイサベル女王とフェルナンド王の浮き彫りがある。暖炉は、１５２８年から１５３１年にかけて（カール28歳から31歳）造られた。

左側に公文書館と隣接している、というよりもつながっている建物は、旧裁判所(Gerechtshof)である。「ここは、１９８０年代まで裁判所として使われていました」

市庁舎、公文書館、旧裁判所の建物は全部つながっている。市庁舎の左側、公文書館の右端にある門のようなところは、先ほど魚市場の方から来た橋に通じている道である。

また、市庁舎の右側の建物は、聖血礼拝堂（H.Bloedbasiliek）である。「11世紀の末、十字軍のエルサレム遠征が始まりました。12世紀の第2回十字軍遠征には、当時のフランドル伯ディートリックが参加しました。ディートリック伯爵は、遠征から帰る途中にコンスタンチノープルに立ち寄りました。今のトルコの首都イスタンブールのことです。そこで、『キリストの血』といわれる液体を持ち帰って来ました。ブルージュに帰ると、

聖血礼拝堂

一族の礼拝堂に奉納しました。入口の左上の像が、ディートリック伯爵です。右手に剣、左手に盾を支えています。右上には、彼の息子フィリップの像もあります」

伯爵の左の女性は、ブルゴーニュの公女マリアである。

「毎年5月の聖血の祭りのとき、聖なる血の行進があります。聖なる血はクリスタルの容器に入れられ、2階の大理石の祭壇に安置されています。この礼拝堂は、1階がロマネスク、2階がゴシック様式となっています」

マルクト広場

ブルージュの中心広場であるマルクト広場（Grote Markt）に到着した。街の散策をしながらブルク広場を通って来たが、聖母教会からでも歩いて5分くらいである。

「ここがマルクト広場です。中央に立っている銅像は、ヤン・ブレーデルとピーター・ド・コニングの2人で、１３０２年にブルージュで発生した市民蜂起のリーダーでした。14世紀の初めは、フランドルはとても裕福でした。しかし、フランスから爵位をもらっている立場だったので、一部の大商人は、フランスにぺこぺこしていました。市民たちはフラン

マルクト広場（左に州庁舎、右に鐘楼）

ス相手に戦いました。そのときのリーダーがこの2人であり、英雄とされています。肉屋さんと毛織物職人でした」

広場に面して建っている塔は、鐘楼（Belfort）で、13世紀に建てられた。14世紀になってから、四角の小さな塔が付け加えられ、一番上の八角形の塔は15世紀末に付け加えられた。

「今日は午後からフリータイムなので、健脚な人はぜひ塔に上ってください。景色がいいですよ。入り口は門をくぐった中庭にあります。人が並んでいるかもしれません。エレベーターはありません。螺旋階段が366段ありますので頑張ってください」

鐘楼の周辺には、ギルドハウスが並び、その中の「クラーネンブルク・ハウス」と呼ばれる、小さな塔のついた建物は、マクシミリアンが幽閉されていた建物である（「ベネルクスの歴史（ブルゴーニュ公国の時代）」参照）。

州庁舎は19世紀に建てられたネオ・ゴシック様式で、右側は郵便局となっている。

中央、小さな塔のある建物が「クラーネンブルク・ハウス」

マルクト広場の近くにあるレースの店では、ボビンレースの実演を見せてくれるところもある。ベルギーのボビンレースについては、後で詳しく説明する。

ブルージュのフリータイム

ブルージュはぜひ、フリータイムのあるツアーを選んで、自分でも歩いてみてほしい。
また、石畳の多い街なので、思っている以上に疲れやすい。歩きやすい靴で歩くことをおすすめする。

マルクト広場から少し北へ歩くと、市立劇場がある。劇場の入口の前には、モーツァルトのオペラ魔笛に出てくる「パパゲーノ」の小さな像がある。

市立劇場とパパゲーノの像

前の通りを東へ行くと、「チョコ・ストーリー」(チョコ物語)という、チョコレート博物館がある。チョコレートの製造の実演を見せてもらえ、チョコレートの歴史の展示を見て回ることもできる。日本語のオーディオガイドを借りることもできるが、全部を聞いて回ると、1時間はかかる。

ここからさらに北東へ進むと、後ほどゲントで見学する「神秘の子羊」の作者であるフランドル画家ヤン・ファン・アイクの像が立つ小さな広場がある。

この辺りからは、観光客の賑わいもなくなり、静かな運河を散歩できる。


〈美術館、博物館巡り〉

また、美術館巡りも興味深い。

聖母教会のすぐ近くにあった「メムリンク美術館」や「グルーニング美術館」、「アーレンツハイス美術館」などを訪ねてみてはどうだろうか。

「メムリンク美術館」にある「聖ウルスラの聖遺物箱」（メムリンク作）はベルギー7大秘宝の一つといわれている。ちなみに、すでに訪ねたアントワープの「十字架から降ろされるキリスト」や、これから行くゲントの「神秘の子羊」も7大秘宝に含まれている。

「グルーニング美術館」には先述のヤン・ファン・アイクの「聖母子を崇めるカノン、ヤン・デルバール」、メムリンクの描いた「モレールの三連祭壇画」や、ボッシュの「最後の審判」の三連祭壇画など。15世紀以降のコレクションがある。

「アーレンツハイス美術館」（別名「ブランギン美術館」）には、英国人画家フランク・ブランギンが寄贈した作品が展示されている。彼は１８６７年に父親がブルージュに滞在していたときに生まれ、７歳までブルージュで過ごした。

２階建の建物で、フランク・ブランギン作のマリア・テレジアの肖像画や、多くのレースも展示されている。精密画やエッチングが展示してあるので、入り口で虫眼鏡をもらって鑑賞するのが面白い。

運河クルーズの乗り場があるマリア通り（Mariastraat）を「愛の湖」の方に行くと、「ダイヤモンド博物館（Diamondmuseum Brugge）」がある。

ダイヤモンドの研磨技術は、ブルージュで発明されたという。毎日12時15分から、昔の道具で研磨の実演も行われる。興味のある人は、人数に制限があるらしいので、少し早めに出かけよう。

（ショッピング）

「マルクト広場からザント広場へ行く道ステーン通り（Steenstraat）は、ブルージュ一の賑やかな通りで、たくさんの商店や土産店などが並んでいる。

この通りには、「救世主大聖堂」といわれる大きなレンガ造りの教会がある。12世紀のロマネスク様式が基礎となる大変古い教会だ。

マルクト広場の南側の通りには、チョコレートの店が並んでいるので、お土産にはおすすめである。

（ビール醸造所）

先ほど、ベギン会修道院から聖母教会の方に来るとき通ったワール広場通りには、ビール醸造所「ダ・ハルヴ・マーン（Da Halve Maan）」がある。ハルヴ（Halve）は、英語のハーフ（half）、マーン（Maan）はムーン（moon）で、半月（ハーフムーン）のマークが目印である。

博物館としても公開されている。見学は、ガイド付きであるが、日本語のガイドはない。見学には45分くらいはかかる。昔の醸造の道具や機械などの展示、それについての説明を聞きながら回る。神戸の灘の酒蔵を見学するような感じである。ただし、急な階段の上り下りがとても多い。

屋上にも案内してくれる。眺めはとてもよく、ブルージュ市街が一望できる。聖母教会や救世主教会も見える。屋上に見える煙突は、風向きによって動くようになっている。

見学の最後には、ビールの試飲（アルコール６％のブルクセゾート、３３０ミリリットル）があるので、ビールの好きな人にはうれしい場所である。飲めない人は、コーヒーやコーラ、水などにかえてくれる。見学は有料であるが、暖かい天気のいい日には最高である。

ダ・ハルヴ・マーンのマーク

（ボビンレース）

ベルギーの街を歩いていると、ボビンレースの刺繍を売る土産店がよく目につく。

ボビンレースが装飾品として発展するのは、１５２０年代で、ヴェネチアからアントワープへと、それ以降は他のヨーロッパへと広まった。特に、フランドル地方では、ボビンレースを中心に、レース産業が発展した。16世紀から17世紀前半の絵画を見ると、貴族達の首にレースが巻かれている。

ボビンレースは、糸をボビンといわれるたくさんの糸巻きに巻き、織り台の上に固定した型紙の上にピンで固定し、たくさんある中で始点とするボビンを両手で持ち、左右に交差させる。交差をピンで固定しながら、模様を織り上げていく。

ブルージュ式は、植物柄のモチーフを織りながらつなげていく技法が一般的で、繊細で華やかなレースができあがる。

マルクト広場の近くにあるレースの店で、実演を見せてくれるところもある。

また、マルクト広場から歩いて15分くらいのところには、レースセンター（Kantcentrum）というボビンレースの学校がある。ここでも実演や作品販売が行われている。この建物は、15世紀に救貧院として建てられたものを修復して使っている。隣にはエルサレム教会がある。

ボビンレース

ゲント（ヘント、ガン）

ゲント（Gent）は、日本語読みでは「ゲント」と言うが、これはドイツ語のゲント、英語のGhentの発音で、オランダ語の発音は「ヘント」に近い。フランス語では「ガン（Gand）」と発音するので、日本の歴史書でも「ガン」と表記されているものも多い。

ここでは、日本のガイドブックなどでお馴染みの「ゲント」を使用することにする。ゲントは、ケルト語で、川が合流するという意味である。

ブルージュの聖母教会に眠っていたブルゴーニュ女公のマリアと、その夫マクシミリアンの孫であるカール５世（スペイン王カルロス1世）の生誕地でもある。

人口25万ほどで、ブリュッセル、アントワープに次ぐベルギー第3の都市だ。１８０８年から２００年も続く、フロラリアという花の祭典が５年に一度開催されており、

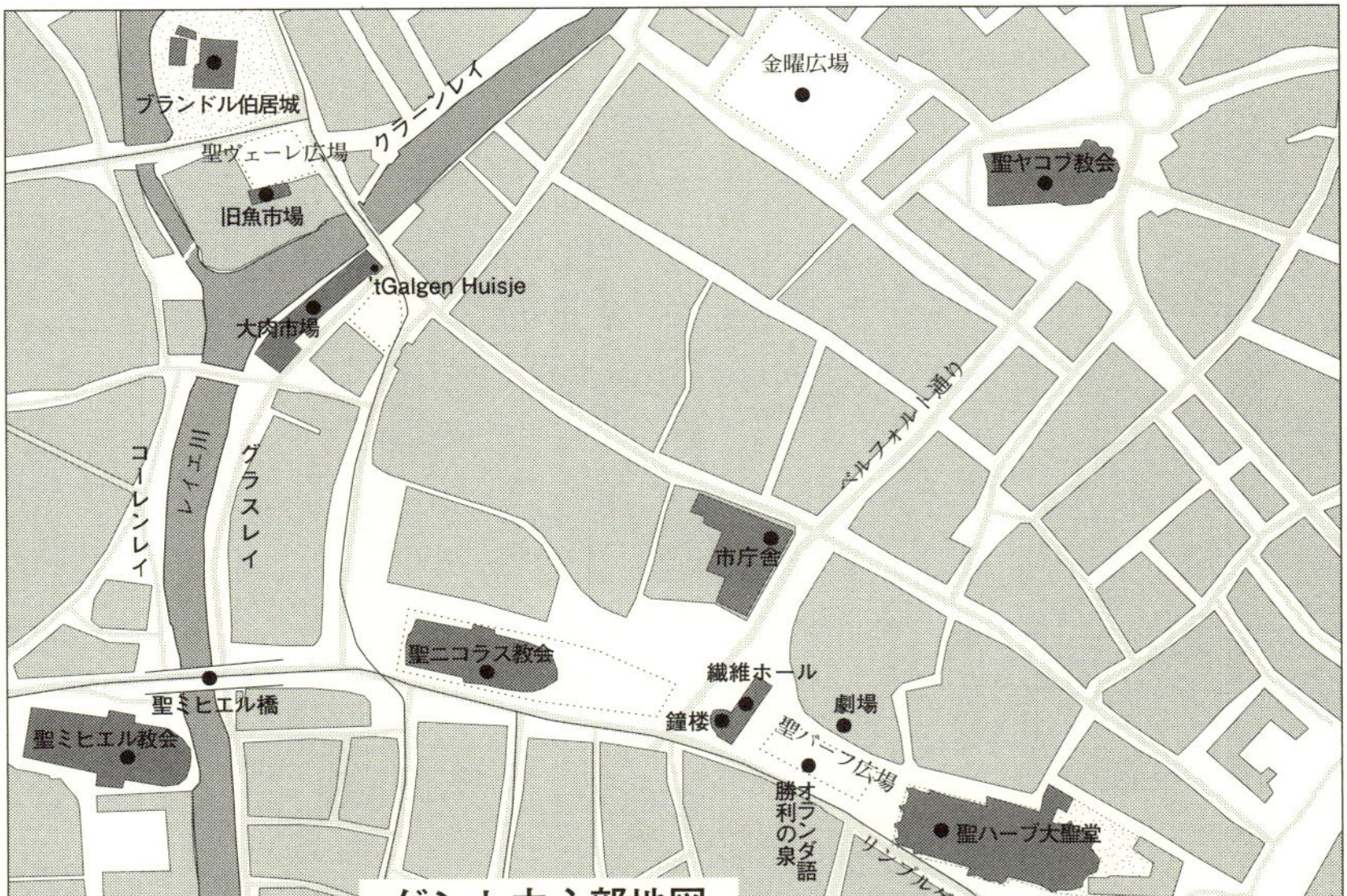

ゲント中心部地図

「花の都」と呼ばれている。

聖ヤコブ教会から市庁舎

聖ヤコブ教会前でガイドと合流。バスを下車して、これからフリータイムも含め、２時間ほど徒歩で見学する。今回の日本人ガイドはブリュッセルから来てくれた。

聖ヤコブ教会（St.Jacobskerk）は目印になるような大きな教会であるが、ガイドブックなどではほとんど紹介されていない。しかし、12世紀に建立された大変古い教会である。

これから、聖バーフ大聖堂の「神秘の子羊」の祭壇画を見学するが、聖バーフ大聖堂は、ここから歩いて10分くらいのところにある。

聖ヤコブ教会からベルフォルト通り（Belfortstraat）を行くと、右手に美しい建物が見える。これは「市庁舎（Stadhuis）」で、15世紀から18世紀にかけて建てられたものである。

さらにもう少し歩くと、「鐘楼（Belfort）」が見えてくる。

右の建物が市庁舎、正面が鐘楼

聖バーフ大聖堂と「神秘の子羊の祭壇画」

「聖バーフ大聖堂（Sint-Baafskathedraal）」は、鐘楼の向かいに建っている。

これから聖バーフ大聖堂を見学するが、ガイドがチケットを買いに行くので、その前に注意があった。

「男性は脱帽してください。トイレは鐘楼の地下にありますので行きたい方は先に済ませてください」

聖バーフ大聖堂

「神秘の子羊(Het Lam Gods)」はフランドル絵画の大傑作である。１４３２年に完成した。描いたのは、フランドル画家のファン・アイク兄弟である。兄のフーベルト・ファン・アイク（Hubert van Eyck）が描き始めたが、制作途中の１４２６年に亡くなり、弟のヤン・ファン・アイク（Jan van Eyck）が完成させたと言われる。どちらがどの絵を描いたのかは、はっきりとわかってはいない。弟のヤンは、ブルゴーニュ公国の宮廷画家として知られていた。

「神秘の子羊」の祭壇画は、大聖堂に入って左手の特別室に保存されている。そこでは案内できないので、教会の中に入ると、まず、ガイドがレプリカの前で説明し、本物は各自で見学する。

祭壇画は24枚のパネルで構成されている。ガイドが解説してくれた順に、図のように番号を付けた。

まず、パネルの扉を開いた表面（内側）を見てみよう。下段中央にある一番大きな絵が、①「神秘の子羊」である。

子羊はイエス・キリストを表している。旧約聖書によると、エジプト人がイスラエル人を苦しめたとき、イスラエル人は神によって家族ごとに子羊を一匹殺し、その血を家の柱と鴨居に塗ること、そして子羊を丸焼きにして食べることをモーセに告げさせた。そのため、十戒にあったとき、エジプトのイスラエル人は救われた。エジプト人の長男は死なせたのに、子羊の血を塗っていたイスラエル人の家では過ぎ越した。つまり、子羊の血はイスラエル人を救い、後にこの子羊をキリストのしるしのように考えるようになった。キリストは過ぎ越し祭の日に十字架に架けられて亡くなったから

「神秘の子羊」祭壇画の表

だ。人々を救うための血を流し、この世界を過ぎ越して、神の元へ帰った。そのため、キリスト信者たちは、キリストを「世界を罪から救ってくださる神の子羊」と呼んでいる。

「①は、14人の天使に囲まれた祭壇の、胸から血を流した子羊に、四方から人々が近づくという構図になっています。子羊はキリストを表します。子羊の崇拝にやってきた人たちが列を作り、空には聖霊を表す鳩が光を放っています。これは神からの光です。子羊の祭壇の手前には、聖なる泉から清水を流しています。泉の右側の集団は、法王と聖職者たちが描かれています。左側は、古代ローマの人たちだろうということが、服装などから判断されています。よく見ると、東洋風の人も混じっています。また、その中の右の方、泉のすぐ左で本を持っている人が、ユダヤ人予言者です。次に、この絵の左後ろには、男の集団、右後ろには女の集団がいます。これは、それぞれ、男性の殉教者たちと、女性の殉教者たちが描かれています。この絵のすばらしいところは、絵の細かさでもあります。人物の肌の色やしわまで細かく描かれており、背景の草木も、植物学者が、それが何の植物であるか、40種類以上も識別できるそうです」

また、現代の医者が、人物画のモデルとなっている人の持病まで言い当てることもできるそうだ。

「次に、このパネルの左の2枚（②③）をご覧ください。正義の審判者たち②と、キリスト騎士団③が描かれています。また、右のパネル2枚は、隠者たち④と巡礼者たち⑤が描かれています。その中で一人、赤い服を着た大男がいますが、これは、旅行者の守り神ともなっている聖クリストファーです。幼子イエスをかついで川を渡る様子が描かれた絵をいろんな教会で見かけます」

次に上段が解説された。

「中央で赤い服を着て座っているのが（⑥）キリストだと言われていますが、はっきりとわかっていません。その左には、青い服を着た聖母マリア（⑦）、右（⑧）には緑色の服を着て聖書を手にしている洗礼者ヨハネがいます。マリアの左（⑨）は、合唱する天使たちで、専門家は、この絵で、出している声の高低まで見分けることができるそうです。ヨハネの右（⑩）は、音楽を奏でる天使たちがいます。そして、両端は、アダム⑪とイブ⑫です」

アダムとイブは裸体なので、19世紀に問題となり、着衣のアダムとイブが描かれ、差し替えられた。現在は、着衣のアダムとイブは、この教会内の入口近くに展示されている。

「アダムの頭上の彫刻のように見える小さな絵は、2人の息子のアベルとカインです。イブの上は、カインがアベルを殺しているシーンです」

内側の説明後、外側の説明があった。

「このパネルを畳んだ状態を見てみましょう。オリジナルは開いたままですから、これらの絵は裏側に回って見ることになります。上段の4枚のパネル（⑬⑭⑮⑯）は、受胎告知のシーンです。一番左のパネルが大天使ガブリエル⑬で、一番右が聖母マリア⑯です。マ

祭壇画の裏側

リア様の顔の左側に文字がラテン語で描かれていますが、逆さになっています。これは、マリアの頭上にいる鳩の目線で読めるようになっています。その上には予言者ザカリア⑰とミカ⑱、その間⑲⑳は予言者みこが描かれています。最後に、下段の両端に描かれているのが、この絵の寄進者であるフェイト夫妻（㉑、㉔）です。この教会の中には、フェイト礼拝堂もあります」

フェイト夫妻の間に描かれているのは、洗礼者（㉒）と、福音書記者ヨハネ（㉓）である。

この絵が描かれた１４３２年は、この教会はまだ聖バーフ教会ではなく、「聖ヨハネ教会」と呼ばれていた。洗礼者ヨハネの礼拝堂として９４２年に建てられたのが前身となる。

教会内部には、ルーベンスの「修道院へ入門する聖バーフ」もある。

鐘楼と繊維ホール

教会前の建物は「鐘楼と繊維ホール（Belfort en Lakenhalle）」で、13世紀に建てられた。フランドル地方は繊維の取引によって発展したが、このホールで商人たちは繊維を取引した。

「鐘楼と繊維ホール」
左手前「オランダ語勝利の泉」の像

大聖堂前の聖バーフ広場には、「オランダ語勝利の泉」とそれを表した像がある。

1830年、オランダから独立したベルギーは、フランス語が公用語であったので、オランダ語を話す人々は困っていた。そのとき、ゲント大学のウィレムス博士が、オランダ語にもフランス語と同じ権利を与えるように主張し、それが実現した。泉の中の像の壁面に、ウィレムス博士の肖像がある。

広場の北側には、19世紀に建てられた劇場があり、ここではオランダ語で劇が上演されている。

聖ニコラス教会、聖ミヒエル橋と教会からコーレンレイを歩く

聖バーフ広場から、トラムが走っているリンブルゲン通りを西へ向かって歩くと、1200年に建てられたという古い聖ニコラス教会（Sint-Niklaaskerk）がある。

さらに西へ行くと、レイエ川にかかる聖ミヒエル橋（1905年～1906年建造）と聖ミヒエル教会（St.Michielskerk）が見える。橋の街灯の上には、剣を持つ聖ミヒエル（ミカエル）の像がある。

川沿いには、多くのギルドハウスや、昔の倉庫群がある。今では、カフェやレストランとなって、天気の良い日にはテラスにテーブルを出し

ミヒエル橋から見るグラスレイ（右）とコーレンレイ（左）

て、ビールを飲んでいる人がいたり、岸辺に座ってくつろいでいる人も多い。

ミヒエル橋から見て右側を「グラスレイ（Graslei）」といって、船頭のギルド、穀物を計るギルドなど12世紀から17世紀のギルドハウスがならんでいる。左側の岸を「コーレンレイ（Korenlei）」といい、穀物倉庫が並んでいた。マリオットホテルのあるところは、昔は売春宿であった。

聖ミヒエル橋を渡ってコーレンレイを歩き、次の橋の上から振り返って写真を撮ると、両岸に並ぶギルドハウスと鐘楼、ミカエル教会などを一度に写すことができる。

フランドル伯の居城

ヨーロッパのお城は、優雅に暮らすためのものと、中世の要塞の役割を果たしているものがあるが、フランドル伯居城（Gravensteen）は、後者で、とても堅牢な建物である。

「この城は、フランドル伯爵だったフィリップ・ダルザス（在位1168年から1191年）によって1180年に建てられました。内部は現在、博物館となっていて見学ができるようになっています。中世時代の武器や鎧兜、拷問や処刑に使われていた道具などが展示されています」

フランドル伯居城

城の向かい側の聖ヴェーレ広場には、17世紀バロック様式の旧魚市場（Oude Vismarkt）がある。かつて、「聖ヴェーレ教会」があったが、16世紀の宗教の紛争のときに破壊された。

「市場の入口上には、海の神様ネプチューンの像と、男と女の像があります。男はスヘルデ川、女はレイエ川を表しています」

もう一度橋を渡ると、南側に大きな肉市場（Groot Vleeshuis）がある。中世の時代のものであるが、現在ではレストランとして使われていて、天井から肉がぶら下がっている。

そばには、ツ・ガルガンハイシェ（'tGalgen Huisje）というカフェがある。

「この白い小さな建物はツ・ガルガンハイシェという名のカフェですが、絞首台という意味です。実はここは絞首台があったところです」

金曜広場

ゲントの街をぐるっと一周して、最後は周囲をギルドハウスで囲まれた大きな広場へとやってきた。

「ここは金曜広場と呼ばれています」

大肉市場

「広場の中央に立つのは、14世紀の英雄であるヤコブ・ファン・アルテフェルデ（JacobVanArteVelde）です。百年戦争初期のころの人です。台座の下に座るのは、ゲント、ブルージュ、イーペルの街と、フランドルを表しています」

バスを降りた聖ヤコブ教会はすぐ側だ。

今回のツアーでは、この後、バスでブリュッセルに向かった。

メッヘレン

ツアーで訪れることはないが、ブリュッセルとアントワープの中間くらいのところにあるメッヘレン（Mechelen）は、ネーデルラントの歴史にとって重要な街である。

カール５世の叔母であるマルガレータ（ブルゴーニュ女公マリアとマクシミリアン１世の娘）が、ネーデルラントを統治した１５０６年から１５３１年の25年間、メッヘレンはネーデルラントの首都であった。カール５世は、父フィリップが１５０６年にスペインで客死し、母ファナもネーデルラントに戻ることはなく、姉妹とともに、叔母マルガレータによって育てられた。

駅からそれほど遠くない場所に、「マルガレータ宮」がある。16世紀初めのルネッサンス様式の建物で、１７９６年より裁判所として使われており、中庭のみ見学できる。

街の中心マルクト広場には、中世に建てられた市庁舎があり、マルガレータの像が立っている。

ベルギーの言語

ベルギーでは、北部のフランデレン地域はオランダ語（フラマン語）、南部のワロン地域はフランス語、ドイツ国境の一部でドイツ語が話されている。

１８３０年の独立以来、ベルギーでは、政治の主導権をフランス語を話す人々が握り、フランス語が公用語とされていた。

ゲントの「オランダ語勝利の泉」のところでも紹介したが、オランダ語を話す人々の不満が強くなっていった。戦後、フランデレンは産業が発展して政治力も強まり、近年では「言語戦争」と言われる状況にまで悪化した。その結果、１９９１年の憲法改正により、「言語共同体と地域からなる連邦体」という連邦制へと国家制度を変更した。

現在のベルギーは、北部のフランデレン地域（オランダ語共同体）と南部のワロン地域（フランス語共同体とドイツ語共同体）、それに首都ブリュッセル（フランス語共同体とオランダ語共同体）に分かれ、地域政府が経済と環境に関する権利、言語共同体の政府が文化と教育に関する権限を持っている。

ベルギーの言語地域

ワロン地方

ナミュール

ベルギーは、オランダ語とフランス語が話されているが、オランダ語圏がフランドル（フランデレン）地方で、フランス語圏はワロン地方と呼ばれている。

首都ブリュッセルから南東部は、フランス語圏である。フランドル地方の低地とは異なり、この辺りは内陸部の山の多い地域で、アルデンヌと呼ばれている。

ベネルクス３か国を周遊するツアーでは、ブリュッセルからルクセンブルクに行く途中に、オランダ、ベルギー２か国のツアーでも、ブリュッセルからの日帰り観光で、アルデンヌの古城巡りをすることが多い。

アルデンヌ（Ardenne）というのは、ベルギー南東部からフランス、ルクセンブルクにまたがる丘陵地帯で、ベルギーでは、ワロン地方と言われるフランス語圏のうちの、ナミュール州、リエージュ州、リュクサンブール州がアルデンヌと言われている。

ブリュッセルから南東へバスで一時間ほど走ると、ムーズ川の流れるムーズ渓谷に、ナミュール（Namur）の街が見えてくる。人口4万人ほどの静かな町だ。

ムーズ川と、その支流であるサンプル川が合流する地点で、サンプル川の北側に市街地や駅があり、2つの川の間に、17世紀に建てられた城塞（シタデル）がある。城塞は、ネーデルラントがスペイン領の一部となったときに強化され、その後、フランスに併合されたときには、ルイ14世の所有となった。また、ナポレオン時代の後、ベルギーがオランダに併合されたときには、オラニエ公ウィレムの所有となった。

アンヌヴォワ城

ナミュールから南へ20分ほど行くと、アンヌヴォワ城（Château d'Annevoie）がある。ここは、城館そのものは公開されておらず、36000坪（12ヘクタール）もある庭園を見学させてくれる。

ガイドは付いていないが、入口で日本語の案内書を貰えるので、それを頼りに庭園内を歩いて回る。広い庭園であるが、1時間くらいあれば一周できる。

庭園には噴水がたくさんある。これらの水は城から離れたところにあ

アンヌヴォワ城の庭園

る泉から引かれている。これらの水が地下の配水管を通って庭へと流れ、これが２００年以上も続いている。

庭園の中にある城館は、今は使われていないが、もともと１６２７年にアロワ家がここに建てたものである。１６７５年に、アロワ家のマリーがモンペリエ家のジャンと結婚してからは、モンペリエ家が所有した。そのジャン・ド・モンペリエの孫であるシャルルが、今日の姿の城と庭園を完成させた。シャルルは、旅行で訪れたイタリアやフランスの庭園をお手本に、１７５８年ごろから城の増築や造園を始めた。それから１９５０年までの２００年間、そのままの状態が保たれた。１９５０年代から、当時のモンペリエ家の城主であったピエール氏が、入口の近くに今見られる新しい花壇を造った。

２０００年にモンペリエ家は、この庭園と城を手放し、所有者が替わった。

ヴェーヴ城

アンヌヴォワ城からさらに南下し、山の中にあるヴェーヴ城（Château de Vêves）は、大変古い歴史を持つ城で、カール大帝の祖々父のピピン・ド・エスタルが６８５年に小要塞を造ったのが基になっている。その後、11世紀にボーフォール家が城を建てたが13世紀に火災、その後の記録は残っておらず、17世紀の設計図に基づいて１９６９年から１９７５年にかけて大改修が行われた。

この城では、日本語の案内を貸してもらえるので、ガイドが付いていない場合は、それを見ながら見学できる。

モダーヴ城

モダーヴ城（Château de Modave）の一部はモダーヴ公によって13世紀に建てられたが、大半は１６５２年から１６７３年にかけて、マルシャン伯爵が居城として改築したものである。

20室ほどが公開されており、日本語のオーディオガイドを聞きながら見学できる。全部聞きながら見学すると45分はかかる。オーディオガイドは最後に受付で返却、トイレは受付の奥の階段下にある。

この城は、日本人の結婚式を積極的に受け入れており、城の中にあるチャペルで結婚式ができる。式の後、ヘラクレスの間で食事をすることもできる。

モダーヴ城

ディナン

アンヌヴォワ城とヴェーヴ城の間に位置するディナン（Dinant）は、人口１万２千くらいの小さな町で、ムーズ川沿いに町がある。

ここは、楽器のサクソフォンを発明したアドルフ・サックスが生まれ育った町でもある。生家は街のメインストリートにあり、サックス通りと呼ばれている。バスで街中を通り過ぎるときサクソフォンのオブジェが見える。

もともとディナンの町は、ディナンドリーといわれる銅製品の加工で有名なところであった。また、クック・ド・ディナンという大きな固いビスケットが名物となっている。

歴史的な大きな出来事では、ブルゴーニュのフィリップ・ル・ボン（善良公）と、息子のシャルル・ル・テメレール（突進公）が、ディナンで起こった反乱に対して、８００人の市民をムーズ川へ投げ込み、市に火を放ってこらしめたという事件がある。

ディナンにも、街の防衛のために造られたシタデルがある。シタデルとは、イタリア語のチッタデッラ（要塞）が語源であり、都市を防御するという目的で造られた要塞のことを指す。

ディナンの街の中のサクソフォンのオブジェ

デュルビュイ

モダーヴ城の南東にある標高４００メートルのデュルビュイ(Durbuy)の町は人口４００人という小さな村だ。ウルト川が流れ、夏にはカヌーで川下りを楽しむ人たちがたくさんやってくる。

町には、9世紀のシタデル（要塞）が残されている。
今回のツアーでは、ここで昼食をとった後、フリータイムをとるが、17世紀の石造りの家が並ぶ、とてもかわいらしい町で、小さな土産店には、ここの名産であるタンポポのジャムを売っている。

春から夏にかけての日曜日には、ミニ列車が出ており、山の上の展望台まで乗せていってくれることもある。

ウルト川に面して建つ「ル・サングリエ・デ・ザルデンヌ」は、有名なホテル・レストランで、ワイン貯蔵庫には１５００本ほどのワインが貯蔵されている。ベルギーはビールの国なので、ワインはフランスに買いに行っているらしい。疲れたら、レストランのテラスでウルト川の景色を眺めながら、ジュースかビールでも飲んで休憩するのもいい。

日本の皇太子殿下御夫妻が訪問されたことがあり、入口に写真が飾られている。

デュルビュイは、埼玉県の羽生市と姉妹都市を結んでいて、交流がある。

石造りの家が並ぶデュルビュイ

トルニー

今回のツアーには含まれていないが、ワロン地方で最も美しい村の一つと言われるトルニー（Torgny）

も紹介しておく。ベルギー南東部の村で、フランスのプロヴァンス地方を思い起こさせるような小さな村である。ガイドブックにはめったに載っていないが、アルデンヌの古城めぐりの後、ルクセンブルクに行くときに立ち寄ることもある。

トゥルネー

アルデンヌの古城観光のコースからは外れ、ツアーではほとんど行くことがないが、同じワロン地方にあるトゥルネー（Tournai）は、歴史的にとても重要な町なので、少しだけ触れておきたい。

トゥルネーは、5世紀にフランク王国を建国したクローヴィスが生まれたところで、フランク王国の首都となった。

街の中央をエスコー川が流れ、中心部グランプラス広場近くにあるノートルダム大聖堂は、12、13世紀のゴシック様式の建築物で、内部には、ルーベンスの絵や、12世紀のフレスコ画がある。

この街は、フランスの一部となったり、ヘンリー8世時代のイギリスの支配下に置かれたり、スペイン、オランダ、そして今度はルイ14世時代のフランスの支配下にはいり、その後はオーストリア、ナポレオンのフランス、19世紀に15年間オランダの支配にあり、ようやくベルギーの独立と共にベルギーの一都市となって今日に至っている。

ルクセンブルク

この章で紹介する世界遺産
・ルクセンブルク、その古い街並みと要塞群（１９９４年）

ボックの砲台からアルゼット川の渓谷を見る

ルクセンブルク中心部

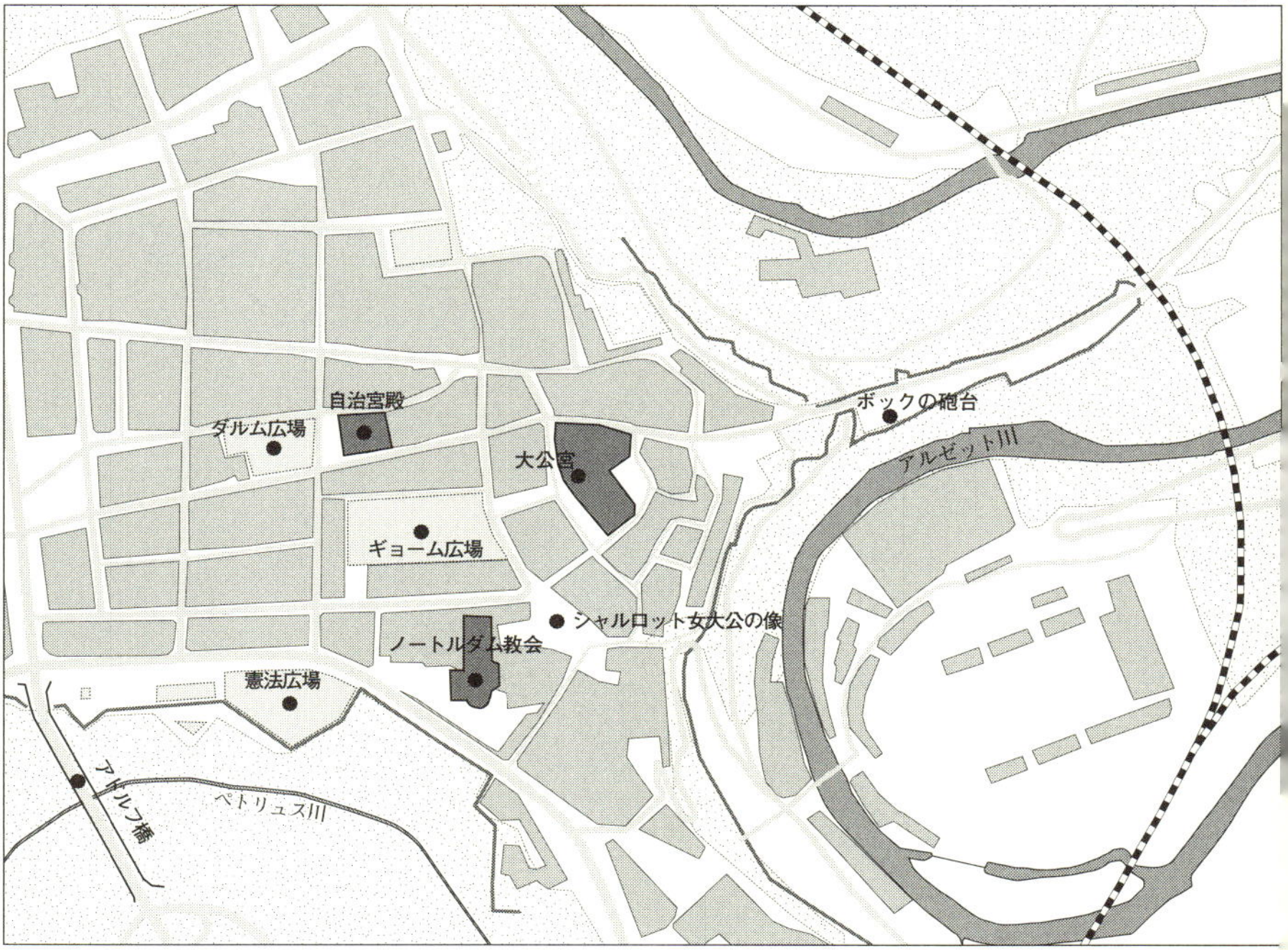

ベルギーから国境を越えて、今度はルクセンブルクに入ってきた。こちらも「シェンゲン協定」加盟国なので、入国審査、税関検査はない。ちなみに、「シェンゲン」は、ルクセンブルクの町である。
ルクセンブルク公国の面積は、２５８６平方キロメートルで、神奈川県や佐賀県と同じくらいである。

今回は、ルクセンブルク市のキルシュベルクの丘にあるホテルのロビーで現地のガイドと合流し、バスでの観光が始まった。

「ルクセンブルクの人口は44万で、そのうち３割以上は外国人です。ルクセンブルクの国は５つの地方に分かれており、首都ルクセンブルクはグートランド地方にあります。ベルギー、フランス、ドイツという３か国と国境を接していて、小学1年でドイツ語、2年からフランス語の授業が始まるので、4か国語は普通に話せるという人が多くいます。しかし、レストランなどでは、フランス語圏の人が多く働いており、フランス語しかわからない人も多くいます」

ちなみに、オランダとは国境を接していないので、この後、オランダへ行くときには、もう一度ベルギーを通過することになる。

「首都ルクセンブルクの人口は10万くらいで、市は4つの区域に分かれています。センター（中心の旧市街）、ガレ（南の中央駅周辺）、グルント（南東の谷間）とキルシュベルクの丘（北東）です。このホテルがあるところは、キルシュベルクの丘で、ＥＵ関係や国連関係などの近代的なビルが多く建っています。これからバスを降りて、歩いて観光するところは、センターといわれるところで、中心の旧市街となります」

憲法広場、アドルフ橋

「憲法広場」でバスを下車して、徒歩での観光が始まった。

「広場の中央に立っている塔は、第一次世界大戦の慰霊碑（40メートル）で、月桂樹の輪を持つ金の女神の像がてっぺんに立っています」

ここは渓谷となっており、谷にかかる単アーチの「アドルフ橋」が見える。１９０３年に造られた。「アドルフ」は、かつてのアドルフ大公が由来となっている。下を流れる川はペトリュス川である。

「橋の長さは84メートル、高さ43メートルで、中央駅のあるガレ地区とを結んでいます。橋の向こう側に大きな立派な建物が見えますが、あれは銀行です。ルクセンブルクは、山が多く、崖の多いところです。それを利用して、要塞都市となりました」

憲法広場からアドルフ橋を望む

ルクセンブルクの歴史

ルクセンブルクは、フランク王国が３分割されたときには、８４３年のヴェルダン条約により長男ロタールの領地となった。ロタールの死後、８７０年のメルセン条約では西と東に分かれたが、半分以上がシャルルの西フランクに、東部の方だけルートヴィヒの東フランクとなった。８８０年のリベモン条約により、東フランク王国の支配下にはいった。

９６３年に、アルデンヌ伯のジークフリートが崖の多いこの街を天然の要塞として小さな城を築いた。現在ボックの砲台と呼ばれている辺りである。小さな城のことをリュシリンブルフクと呼び、それがルクセンブルクとなった。アルデンヌ伯家は、11世紀にはルクセンブルク伯と名乗るようになる。

14世紀には、ルクセンブルク家から神聖ローマ帝国の皇帝カール４世が選出されている。ボヘミア王でもあったので、チェコではカレル４世と呼ばれている。

その後は、ブルゴーニュ公国領の一部となり、ベルギーと共に歴史を歩んでいく。

１８１５年、ナポレオン後のウィーン会議により、ベルギーがオランダに組み込まれた。ルクセンブルクはこの時、オランダ王の個人所有地となった。

当時のオランダ王はウィレム１世であり、ルクセンブルク公としては、ギヨーム１世と呼ばれた。この当時のオランダはベルギーも含んでいたが、１８３０年にベルギーはオランダから独立する。

ルクセンブルクの君主はオランダ王がそのまま兼ね、1840年にウィレム2世がオランダ王になると、彼がルクセンブルク公（ギヨーム2世）を兼ねた。ところが、その次のオランダ王ウィレム3世（ルクセンブルク公ギヨーム3世）が1890年に男子を残さずに亡くなると、オランダでは女子でも相続できたので、娘のウィルヘルミーナが後を継いで女王となったが、当時のルクセンブルク公は、男子しか継承できなかった。（オランダではその後、ユリアナ女王、ベアトリクス女王と女王が続く）。

そのため、オランダ王家と同系であるドイツ・ナッサウ・ヴァイブルク家の人物を呼んできてルクセンブルク公とした。その時から、ルクセンブルクはオランダとは別の君主を持つこととなった。

最初のルクセンブルク大公となったのがアドルフ大公である。その後、ギヨーム4世と続く。アドルフ大公の孫がシャルロット女大公で、第2次世界大戦を挟んで45年間君主の座にあった。その後をジャン大公が継ぎ、2000年にはアンリ大公が即位した。

ノートルダム寺院

「ここからすぐ東に見える教会が、ノートルダム寺院(Cathédrale Notre-dame)です。1613年に創建されたイエズス会の教会です。ノートルダムというのは、聖母マリアのことです。聖母マリアを祀った教会です。1935年

ノートルダム寺院

から１９３８年に再建されました。ここでは、前ルクセンブルク大公であったジャン大公と、ベルギーの王女ジョゼフィーヌ・シャルロットの婚礼も行われました。一番古い部分は１６１３年のもので、裏側には、当時から残っている門があります」

この教会が建てられた当時は、ルクセンブルクは、スペインの支配下にあった。

内部には、パイプオルガンもある。

「ルクセンブルクは、90パーセント以上がカトリック教徒です」

大公宮

「ルクセンブルク大公は、普段、この宮殿には住んでいません。ここから北東20キロのコルマール・ベルク城か、北15キロのフィッシュバッハ城にお住まいです。大公がここに来られたときは、旗が揚がります。この建物は、もともと市庁舎として使われていたもので、13世紀に建てられました。しかし、火災に遭い、１５７２年から１５７４年にかけて、再建されました。向かって右端の建物は議院です」

また、ノートルダム寺院から大公宮に行く途中のクレールル・フォンテーヌ広場には、シャルロット女大公の像がある。

ルクセンブルク大公宮

「この人は、現在のヘンリー（アンリ）大公のおばあさんで、ルクセンブルクの国民から大変親しまれていました。ナチスの時代には、ここにとどまると利用されると考え、亡命していました。フランスからポルトガルへと行き、それからカナダへと渡りました。そして、カナダからラジオを通じてルクセンブルクを応援しました」

大公宮の裏側からボックの砲台へと歩くと、大変古い家の残っている地域がある。

「この辺りは、10世紀から家があった場所で、１５００年代後半からの古い家が残っている地区です。１５０９年に大火災があり、そのあとに建てられたものです。市場や、涼しいので倉庫として使っていました。いまはレストランが多く集まっています。Diekirchという看板がありますが、これはルクセンブルクのビールです。また、この辺りは、ドイツのゲーテも訪れましたが、軍事都市で、風景画を描くことができませんでした。そのため、窓から見てスケッチしました。また、イギリスのターナーは、コートの中にキャンパスを隠し、絵を残しました」

この辺りから急な坂道が多い。１６９１年からのルクセンブルクで一番古いレストランもある。

サン・ミッシェル教会近くの急坂は、ローマ人も使ってき

坂の多い道

た道で、中世時代の大通りであった。教会には、聖ミカエルの像もある。

「近くに市場があったので、商人のための守り神でもありました。９８７年に建てられた教会ですが、何度も壊されては修復され、１６８８年以降、今の形となりました」

ボックの砲台

ルクセンブルク観光のハイライトは、「ボックの砲台（Casemates du Bock)」である。砲台そのものも面白いが、この辺りの景色が素晴らしい。眼下に流れる川はアルゼット川である。この自然の断崖を利用してアルデンヌ伯が城を築いた。城そのものはほとんど残っていないが、後にここに地下要塞が造られた。

18世紀、ルクセンブルクは、スペイン継承戦争後のユトレヒト条約によって、ベルギーと共にハプスブルク家の支配下に入った。当時の皇帝はカール6世だったが、１７４０年からはマリア・テレジアの時代となった。

ボックの砲台は、マリア・テレジア時代の１７４５年にオーストリア兵によって造られた地下要塞である。その後、マリア・テレジアの長男の皇帝ヨーゼフ2世や、フランス時代にはナポレオンも訪れている。

「ボックの砲台」から見たアルゼット川の渓谷

１７９４年から９５年には、フランス軍の攻撃を逃れるため、ハプスブルクの司令官は地下要塞に立てこもり、何か月もここで暮らした。

地下要塞の内部を見学することができる。少し暗いが迷路のようで面白い。内部見学には、最低30分は必要だ。フランス軍が置いていった大砲も残されている。大砲にはフランス王家の紋章である百合の花のマークがついている。

ギヨーム広場とダルム広場

ボックの砲台を見学した後、ギヨーム公の騎馬像のある広場を通ってダルム広場まで歩いた。ダルム広場には、多くの飲食店や土産店が並び、天気のいい日には、カフェテラスも賑わっている。

「ダルム（d'Armes）は、武器のことで、兵士たちがパレードをしたので武器の広場と呼ばれています」

広場の東側にあるきれいな建物は、日本語では自治宮殿（Palais-munincipal）といわれているが、１９０７年に建てられた比較的新しい建物で、昔は裁判所であった。

「現在は、市の迎賓館、展覧会やコンサート会場として使われています」

ダルム広場で観光は終わり、フリータイムとなった。

今回のツアーでは、ルクセンブルクの観光が終わると、オランダのマーストリヒトに向かった。

《著者紹介》

武村陽子（たけむら・ようこ）

1966年神戸市生まれ。神戸市在住。

高校卒業後、会社員、児童英会話講師を経て、
1991年より、添乗員の仕事を始める。

行き先はヨーロッパが90％以上を占める。最近よく行く国は、イタリア、ドイツ、フランス、ベネルクス、スペイン、そして、中欧（チェコ、オーストリア、ハンガリー）、クロアチア、スロベニア。

関西のスペイン・中南米の愛好家が集まる「イスパニッククラブ」代表。

当シリーズには、

「プロの添乗員と行く スペイン世界遺産と歴史の旅」

「プロの添乗員と行く ドイツ世界遺産と歴史の旅」

「プロの添乗員と行く イタリア世界遺産と歴史の旅（改訂版）」

「プロの添乗員と行く 中欧 世界遺産と歴史の旅」

（彩図社）がある。

― プロの添乗員と行く ―
オランダ ベルギー ルクセンブルク 世界遺産と歴史の旅

2014年3月28日　初版1刷発行

著　者　武村陽子
発行者　山田有司
発行所　株式会社　彩図社
〒170-0005 東京都豊島区南大塚3-24-4
電話　03-5985-8213
http://www.saiz.co.jp
印刷所　新灯印刷

Printed in Japan.　ISBN978-4-88392-983-2